Tencent

腾讯创新

腾讯凭什么赢

Innovation

成旺坤◎著

中国纺织出版社有限公司

内 容 提 要

本书全景式地记录了腾讯崛起的经历，并以互联网的视角重新诠释了腾讯在融入全球竞争中的曲折与奋进。全书共分为三篇十章，讲述了腾讯从开始创业到步入即时通信，再转战社交网络、互动娱乐、网络媒体、电子商务等领域。本书结合腾讯的发展历程、经营之道、企业文化等助推腾讯飞速发展的关键要素，对腾讯二十多年来的发展进行了深度剖析、梳理与总结，为读者提供切实有效、方便快捷的知识服务。腾讯的发展路径，亦是中国互联网企业成长的缩影。

图书在版编目（CIP）数据

腾讯创新：腾讯凭什么赢 / 成旺坤著. --北京：中国纺织出版社有限公司，2022.3（2022.10重印）

ISBN 978-7-5180-9371-7

Ⅰ.①腾… Ⅱ.①成… Ⅲ.①网络公司—企业管理—研究—中国 Ⅳ.①F279.244.4

中国版本图书馆CIP数据核字（2022）第035310号

策划编辑：史　岩　　责任编辑：段子君
责任校对：寇晨晨　　责任印制：储志伟

中国纺织出版社有限公司出版发行
地址：北京市朝阳区百子湾东里 A407 号楼　邮政编码：100124
销售电话：010—67004422　传真：010—87155801
http://www.c-textilep.com
中国纺织出版社天猫旗舰店
官方微博 http://weibo.com/2119887771
天津千鹤文化传播有限公司印刷　各地新华书店经销
2022 年 3 月第 1 版　2022年10月第2次印刷
开本：710×1000　1/16　印张：14
字数：218 千字　定价：48.00 元

序

你可以不知道何谓网购、何谓门户、何谓社区，甚至何谓搜索，但你一定知道 QQ。若是你连 QQ 都不知道，那你就真的 OUT 了！的确，在过去的二十几年时间里，如果说有什么东西在一步步改变世界，影响人们生活的点点滴滴，这个答案一定是互联网。

腾讯公司成立于 1998 年 11 月 11 日，1999 年 2 月推出了“中国风味”的 ICQ（ICQ 为早期国外的一款即时通信软件，1996 年由三个以色列人开发），即“OICQ”（Open ICQ 的简称，即开放的 ICQ），也就是后来的 QQ。自此，这只憨厚的“小企鹅”在中国互联网行业茁壮成长，并深深扎根于 8.29 亿网友心中。

腾讯公司也一跃成为中国互联网市值最高的企业，将搜狐、新浪、阿里巴巴等互联网企业远远地甩在了身后。

QQ 核心应用做大之后，腾讯 QQ 平台随之升值，腾讯能够取得今天的地位，很大程度上依赖于在 QQ 客户端捆绑各种功能，如邮箱、QQ 空间、财付通、手机 QQ、游戏等。腾讯能取得如此战绩，与马化腾在早期每天都会花大量的时间和精力来体验公司的产品和服务，并要求每一位员工都要“做最挑剔的用户”是分不开的。腾讯公司多年来一直贯彻着“10/100/1000法则”，即每位产品经理1个月必须做10个用户调查，关注100个用户博客，收集反馈1000个用户体验。这个办法虽然有些笨，但马化腾说很有用。

马化腾认为，把一款产品做到极致其实有很多种方法，例如QQ影音，在硬指标上有很多选择，如网络播放、交流、分享等，但公司最后都砍掉了，而只是专注地做播放器，因为这可以满足广大用户的需求。

从QQ诞生开始，到现在平台上大量的产品涌现，如何满足用户需求，创造更多的利润一直是腾讯不懈的追求。

IT行业的竞争较传统行业更加残酷，大型企业在一夜之间倒闭是很常见的事情，甚至那些巨无霸型企业也不可避免。马化腾一再告诫自己：人要清醒，外面掌声最响的时候，往往是最危险的；转型要快，要坚决，要反对和避免恶性竞争。

腾讯公司以模仿起家，并且一直在走模仿之路。腾讯很少做开路先锋，有人因此给其定义为“山寨”的腾讯，始终在模仿。这也因此让马化腾成为“全网公敌”，甚至有同行在心里骂过他无数次。马化腾几乎与每一个互联网老大都“交过手”：跟陈天桥、丁磊争夺网络游戏；与李彦宏在争夺搜索引擎方面结下冤仇；与张朝阳在门户网络上的争夺，如腾讯输入法、腾讯TT和搜狗输入法、搜狗浏览器，有过一段恩恩怨怨；与马云在C2C电子商务的争夺上，也闹得不可开交……

2009年3月，马化腾入选美国杂志《巴伦周刊》“全球最受人尊敬的

30位CEO”名单，成为亚洲唯一一位入选的互联网企业老总，也是中国大陆唯一一位上榜者。据说，《巴伦周刊》从2005年起就陆续刊登全球30位最受人尊敬的CEO名单，一直被誉为全球顶级企业及老总年度表现的有力佐证。马化腾能够与巴菲特等世界级著名人物同时入选，足以说明他在国际上的影响力。

马化腾具有一贯低调行事的风格。他一般不会面对媒体，更不会在记者们面前指点江山，他更喜欢静静地待在一个角落里，看着世人忙来忙去，在自己的心里为腾讯的明天盘算着如何生存下去的计划。虽然腾讯现在是中国市值最大的互联网企业，超过了许多同类企业，但马化腾依然保持自己低调的风格。

尽管我们天天面对着这只可爱的“小企鹅”，但却不知道它是如何让亿万网友对它恋恋不舍的。《腾讯创新：腾讯凭什么赢》介绍了马化腾的创业经历以及管理腾讯公司的经验。如果你想多了解一些腾讯的发展历史，《腾讯创新：腾讯凭什么赢》会给你一个完美的答案。

成旺坤

2021年12月

目录

第一篇 站在互联网制高点上的腾讯

第二篇
腾讯的发展、扩张和盈利模式

第三篇 移动互联网时代腾讯的战略布局

第一篇
站在互联网制高点上的腾讯

第一章 改变中国社交现状的腾讯

QQ 改变中国

在过去的二十几年时间里，如果说有什么东西在一步步改变世界，影响人们生活的点点滴滴，这个答案一定是互联网。自 1997 年 6 月丁磊在广州成立网易公司开始，中国的互联网发展就迎来了生机勃勃的春天，一批批互联网公司如雨后春笋般纷纷面世，1998 年 2 月张朝阳在北京成立搜狐公司，同年 12 月王志东在北京成立新浪公司，2000 年 1 月李彦宏在北京成立百度公司，后经过十多年的发展，这些公司都成了中国的互联网巨头。

当然，除了上述公司以外，腾讯公司也在不断发展。腾讯的产品，无论是 QQ、微信还是游戏，现在都成了互联网世界的“日常”，几乎为所有人所熟悉。

1998 年，毕业于深圳大学计算机系的马化腾在一家 IT 公司从事编程工作，但他并不满足于此，创业的念头一直在心中激荡，同年 11 月 11

日，马化腾和他的同学张志东联手成立了腾讯公司。

1999 年 2 月，腾讯仿照以色列人的 ICQ 研发出第一个“中国风味”的 ICQ，即“OICQ”，也就是后来的 QQ。当时，国内的即时通信工具大多是通过网页版的同城聊天室进行，无法建立起一种点对点的聊天形式，而 QQ 突破了这一限制，实现了点对点的聊天，解决了这一用户痛点。后来，QQ 又推出了一对多、传输文件、表情聊天、语音聊天等新型聊天方式，极大地丰富了人们的网络沟通形式，开始让中国人，尤其是当时乐于上网的年轻人喜欢上了用这款软件进行社交沟通。由于采取向用户免费开放的策略，腾讯迅速积累了一大批忠实用户，在短短的时间内就增长到几万人。腾讯在线人数增长速度如表 1-1 所示。

表1-1　QQ最高同时在线人数纪录

时间	最高同时在线人数纪录
2000年5月11日	10万
2001年2月10日	100万
2002年3月10日	200万
2003年2月16日	300万
2003年9月12日	400万
2004年2月14日	500万
2004年3月13日	600万
2004年9月18日	700万
2004年10月30日	800万
2004年12月4日	900万
2005年2月16日	1000万
2006年6月3日	2000万
2007年7月13日	3000万
2008年3月22日	4000万

续表

时间	最高同时在线人数纪录
2009年2月9日	5000万
2009年5月16日	6000万
2009年9月5日	7000万
2009年10月10日	8000万
2009年12月11日	9000万
2010年3月5日	1亿
2014年4月11日	2亿

移动网络普及以后，QQ 迅速转型移动端，在使用场景方面多端融合，既为用户带来了多元化的生活体验，也为用户随意便捷地在不同终端切换提供了可能性。

现在，QQ 几乎成为广大网民生活中的一部分，注册用户达 10 亿，几乎每天都会有数以亿计的网民活跃在 QQ 上。2014 年，QQ 更是凭借最高同时在线人数 210212085 的纪录，获得了吉尼斯世界纪录颁发的“单一即时通信平台上最多人同时在线”的荣誉证书。

QQ 在核心应用做大之后，腾讯 QQ 平台随之升值，腾讯能够取得今天的地位，在很大程度上依赖于在 QQ 客户端捆绑各种功能，如 QQ 邮箱、QQ 空间、财付通、手机 QQ、腾讯游戏等，如图 1–1 所示。

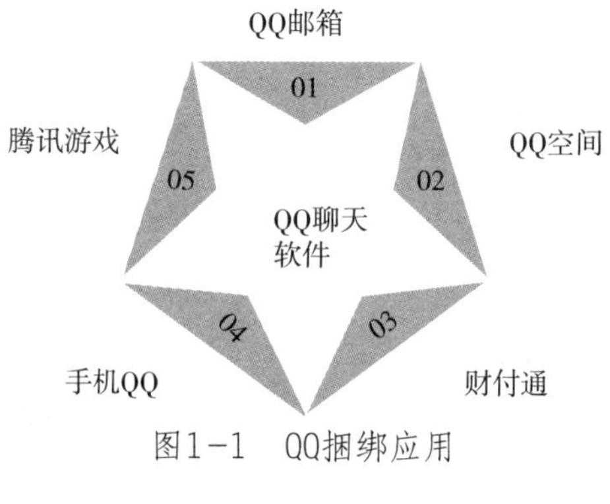

图1–1　QQ捆绑应用

可以毫不夸张地说，QQ 甚至成为一些公司办公的必备软件。此外，还有很多人把 QQ 号码印在名片上，方便网络上的沟通。

QQ 始终把焦点放在时代中最潮、最酷的年轻人身上，现在，QQ 仍是年轻人网络沟通和交流的主流方式，年轻人喜欢时尚，敢于创新，而 QQ 正好迎合了他们的“味道”。例如，QQ 与华谊兄弟推出的星影联盟，为年轻人提供了一个和喜欢的明星互动交流的平台，对于喜欢娱乐的年轻人来讲，无疑具有巨大的诱惑力。

腾讯 QQ 平台负责人殷宇曾这样说：“保持一颗年轻的心，QQ 就能走在潮流最前沿。”的确，从最初的 QQ 到现在的 QQ，我们都能发现它在年轻人中的巨大影响力。因为 QQ，腾讯无疑打造了一个庞大的“企鹅帝国”，为中国人，尤其是年轻人创造了一种全新的沟通方式，如图 1–2 所示。

图1-2　QQ使用范围

回首来看，QQ 这一特别的即时通信工具的出现，正好满足了人们上网聊天的需求，也反过来可以说，腾讯 QQ 在一定程度上刺激了人们对网络的需求。

现如今，腾讯 QQ 的用户群已成为中国最大的互联网注册用户群，在即时通信应用中 QQ 更是排名中国第一、世界第三（第一是 WhatsApp，第二是 Facebook 的 Messenger），缔造了中国互联网界盛世不衰的神话。也许，在中国互联网经济发展中，除了比尔·盖茨的 Windows 操作系统外，就数腾讯的 QQ 最能影响人们的生活了。

无所不包的微信

微信大获成功，对于腾讯公司来说是件值得庆祝的事。但这让马化腾忧心不已，如果微信不是腾讯公司的产品，而是竞争对手，这将是一件很可怕的事情。

早在 2010 年 10 月的某一天，一款基于移动互联网的免费聊天应用 Kik 突然出现，上线仅仅两个星期就拥有了百万用户。时任腾讯广州研发部总经理张小龙意识到：在移动互联网将会出现一些新的即时通信工具，而腾讯原有的 QQ 则是基于 PC 时代的产物。如果真是这样，腾讯是不是应该开发一款有别于 QQ 的新的移动互联网端即时通信产品，没有 QQ 的“在线”状态，看似没有“在线”，又永远“在线”，也就是并不保持一个立即回复的状态。经过一番思考，张小龙给马化腾发了一封电子邮件，建议腾讯进军此类产品。马化腾在回复的邮件中特别赞同这一提议。于是，微信时代开启了，如图 1–3 所示。

图1-3　微信界面

微信（WeChat）于2011年1月21日正式面世，腾讯公司推出了针对iPhone用户的1.0测试版（之后又陆续推出了2.0、3.0、4.2、5.0、5.2和6.1，2017年10月20日，微信iOS版已更新到6.5.19。2011年年底，微信注册用户已经超过了5000万。到2012年3月29日，微信注册用户超过一亿。截至2017年8月，微信注册用户量已经突破9.36亿，成为亚洲地区最大用户群体的移动IM（IM即英语即时通信Instant Messaging的简称）软件。

微信的出现，是传统社交软件的一大突破，但它又不仅仅是社交软件，它还兼容了很多商业网站的特征。打开朋友圈，除了家人、朋友、同事间发布的微信消息外，我们还能轻易地看到插入其中的各个企业推送的广告，它和存在于一般网站或视频播放器中那种“讨人嫌”的广告有所不同，微信朋友圈的广告似乎自带一种讨喜的潜质，用户接受度和消费转化率都要比网络广告好得多，这也使微信朋友圈广告成了很多知名企业进行展示的主阵地，大到汽车、房产，小到快消品、手机、电影等信息粉墨登场，甚至还有水果、生鲜等电商的广告，真是到了衣、食、住、用、行无所不包的程度。

微信商业更具创新性的基点是它的微信支付，这一集成在微信客户端的功能，正让越来越多的人感受到“无现金”支付的便捷。微信支付向用户提供安全快捷的支付服务，以绑定的银行卡作为支付基础。现在，我们在购买商品时不仅能用微信支付实现支付功能，还可以用微信支付完成从预订出租车到缴纳水、电、气等生活中几乎所有的事情。

打开微信客户端，进入“我的钱包”页面，可以发现它的功能非常丰富，涵盖了几乎各个领域腾讯合作商家推送的出行、外卖、酒店、电影演出、吃喝玩乐等服务。当你与分别多年的好友叙旧而找不到咖啡馆时；当你想看场电影而不知道最近上映的新片有哪些，离自己最近的电影院是哪个时，微信朋友圈是你最可信赖的朋友。

微信公众号和小程序正在演变成为一大商业平台。微信公众号和小程序是直接搭建在微信上的，通过用户关注来实现它的推广和传播。在微信公众号中，粉丝就是你的潜在客户。对于微信公众号的开发商家而言，只要一个后台就可以进行管理，它的数据也是实时更新的，如图 1–4 所示。

图1–4　腾讯公益公众号

毫无疑问的是，互联网中的大数据、云计算、物联网、区块链、人工智能、虚拟现实等技术正在促进微信发展得越来越强大。现在，微信的功能还扩展到了搜索、理财、游戏等领域，未来更可能和智能家居连接，比如用微信控制电视、冰箱、洗衣机、电饭煲等家电。到那时，微信真的成了我们的一种“生活方式”。

马化腾曾经表示：“希望微信搭建一个平台，只制定最基本的规则，然后就会有意想不到的创新涌现。”可见，微信简直是一款无所不能的软件，从社交到购物，再以海量的用户群为基础，在国内迅速成长为用户量最大的一款应用软件。

游戏产业领域的王者

腾讯作为中国互联网行业的巨头之一，知道怎样将用户转化为利润。当 QQ 的用户度积累到数亿级的体量时，腾讯意识到关注度并不能自动转化为利润。于是腾讯打算改变这一状况，在庞大的用户基础上建立在线游戏业务，并希望主导这个领域。现在，腾讯游戏不仅成了全国网络游戏界的霸主，还成为腾讯的主要现金流。

2003 年，腾讯推出《凯旋》，正式进入网络游戏市场。这款游戏看起来有绚丽的画面且其背后有非常高端的技术力量，并且先期已经在韩国和中国台湾等地获得了阶段性成功，腾讯公司因此对这款游戏抱有非常大的期望。

然而，现实却是《凯旋》最终无疾而终。失败以后的腾讯也在反思，腾讯互动娱乐事业群副总裁程武说："当时挑选游戏时刻，最看得起游戏银幕、体验认识，这是典型的产品视角。但是游戏门槛较高，难上手，甚至在中国众多网吧电脑显卡都不支持，做这款游戏并没有真正从其在中国的实际情况和用户需求上考虑。"

自那以后，腾讯改变思路，立足于游戏的本土化，着重打造游戏本身所带来的畅快感。经过 5 年的摸索和发展，腾讯游戏在 2008 年迎来爆发期。那个时候，腾讯才真正赚到了游戏行业的第一桶金，并且在掌握了游戏的研发规律之后，一发而不可收。

2008 年，腾讯一口气推出了数款游戏，包括"四大出名著作"《地下城与勇士》《穿越火线》《QQ 飞车》和《QQ 炫舞》。其中前两款一个是横轴格斗，一个是类似于很火的 CS 游戏的枪战，而后两款则是上手即玩的快节奏竞技类游戏。

照理来说，这些游戏生命周期比较短，玩法比较固定，玩家的社会交际性也比较弱，但是腾讯却将它们的能量发挥到了极致，相对同类游戏，这几款游戏直到现在还保持着相当高的玩家在线纪录。其中，腾讯接连不断的游戏创新，以及腾讯利用自己海量的 QQ 和微信用户基础，在用户中通过宣传发展玩家，使其注册形式和自己的 QQ 或微信绑定，让玩家取得身份认同，再加上重视游戏文化等特点，这些都是其他游戏开发者无法复制的。

此外，腾讯还注重将游戏里的精品内容衍生出来，使之形成一个明星

IP，创造出多形态的用户价值。例如，早期一些火爆游戏，《仙剑奇侠传》《火影忍者》《名侦探柯南》等，都已成为一种明星 IP，其衍生出来的动漫、电影、文学等形象依然火爆。

腾讯的《洛克王国》《御龙在天》《地下城与勇士》《勇者大冒险》都是这样的产品，如图 1–5 所示。以《洛克王国》为例，它从一个儿童线上社区起步，现已发展成为拥有图书、电影、电视剧和舞台剧的完整体系。目前，《洛克王国》的电影已经拍到了第四部，前三部的总票房甚至达到了 1.5 亿元。电影市场的发展反过来又带动了游戏的发展，据统计，2014 年，《洛克王国》的在线人数达到了 100 万人。

图1–5　《洛克王国》游戏

从最初的游戏行业起步，现在腾讯的游戏已经涵盖了角色扮演、经营、养成等各种细分市场的产品类型。2010 年年末，腾讯的网络游戏总收入已增至 27.861 亿元，在当时网络游戏整体行业放缓甚至出现负增长时，腾讯逆势崛起，取得了骄人的成绩。

而在智能手机逐渐普及开来以后，手游又成为各大游戏企业抢滩登陆的高地。有数据统计，2014 年中国移动游戏全年销售总值达到 274.9 亿元人民币，第一次超过网页游戏。但当时的情况是，游戏内容和团队的运营能力成为主导手游成功的关键。腾讯的发力显然稍晚，当时网易已经实现了手游“精品化”的转型，其开发的《梦幻西游》《大话西游》等游戏一度占据了 iOS 应用月收入排行榜的前两名，这让腾讯感到了深深的威胁，与此相对应的是，腾讯的游戏收入从之前的 51% 下降到了 40%。

在这样的背景下，已经拥有 QQ 和微信两大社交利器的腾讯迫切需要打造一个爆款手游，以实现在手游行业弯道超车的可能。

基于此，腾讯旗下天美工作室和光子工作室分别开始研发两款手游，前者打造《英雄战绩》，后者打造《全民超神》。一开始，腾讯曾将希望寄托在《全民超神》上，但现实情况却是后来更名为《王者荣耀》的《英雄战绩》，以一条不需要真金白银，看起来非常公平的玩乐道路赢得了玩家的绝对青睐。这种转型，正好迎合了当下人们的普世价值观。

2015 年 11 月，《王者荣耀》的每日活跃用户率先突破 500 万，这在手游行业中简直是一个里程碑式的数字，马化腾回复邮件对这款手游表示了肯定。之后，《王者荣耀》继续奋进，仅用一年时间，日活跃用户就达到了 5000 万，截至 2017 年 4 月，《王者荣耀》的注册用户已经突破了 2 亿。2018 年，《王者荣耀》的收入竟高达 220 亿元。2018 年在第三方机构 App Annie 发布的统计报告中也显示，在收入这一项上，《王者荣耀》排名第一，稳坐全球手游头把交椅，如图 1-6 所示。

收入排行	游戏	公司
1	王者荣耀	腾讯（中国） Netmarble（韩国） Garena Online（新加坡）
2	梦幻西游	网易（中国） Garena Online（新加坡）
3	皇室战争/ ClashRoyale	腾讯（中国）
4	怪物弹珠/ Monster Strike	mixi（日本）
5	Fate/Grand Order	Sony（日本） 智冠科技（中国台湾） 哔哩哔哩（中国）
6	Ghost	……（中国/中国台湾）
7	部落冲突/ Clash of Clans	腾讯（中国）
8	神话永恒/ Eternal Myth	CMGE 中手游（中国）
9	糖果粉碎传奇/ Candy Crush Saga	腾讯（中国） Activision Blizzard（美国）
10	天龙八部手游	腾讯（中国）

图1-6　App Annie统计报告显示排行

上表是全球排名前 10 的手游，其中多处可以看到腾讯的身影。腾讯主导或收购的游戏中，有 5 款冲进榜单，成绩非常耀眼。

事实上，正如《王者荣耀》一样，腾讯已经成为中国游戏产业的绝对王者。2018 年，腾讯游戏全年的营收达 1284 亿元，占总体营收的 41%，甚至某些大型纯游戏公司也达不到这样的营收业绩。

随着腾讯游戏的成功，腾讯壮大起来的还有生态圈，有资料显示，仅仅围绕《王者荣耀》，就有投资人专门成立了挖掘《王者荣耀》周边产业的团队，布局于直播、俱乐部、短视频等领域，每个项目都达到了 500 万 ~ 800 万元。

第二章 腾讯蹿起的高度

从“小马哥”到互联网至尊

从星仔到星爷，周星驰完成了从龙套到影帝的华丽转身，那是20世纪90年代的故事。与香港相邻的深圳，也是在那个时期，比周星驰年轻9岁的马化腾也完成了从小马哥到互联网至尊的蜕变，成为“BAT”中国互联网三巨头之一。

从龙套到影帝，周星驰付出了多少艰辛是众所周知的，但对于小马哥，人们熟悉和了解的只是QQ、微信和游戏，却不知道马化腾是哪座庙里的神仙，更不清楚他走过了怎样的一段坎坷路。

从深圳大学毕业之后，没有人知道马化腾是何许人也。那时他只是在一家IT企业打工的小马哥，虽然工资待遇没有那么高，但居家过日子还不成问题。起点是一个偶然的机会接触了ICQ，那是一个外国人研发出来的，正是这个国人还不知道的聊天工具，让小马哥一下子着迷了，并迅速上升到痴迷的程度。

无论干什么事情，别人是碰到南墙就回头，小马哥是碰到南墙也不回头。由于ICQ是外文版的，小马哥克隆了一个中文版的ICQ——OICQ（QQ的前身）之后，用自己在股市中赚到的70万元人民币和几个朋友一起成立了腾讯公司。

OICQ是一种即时通信软件，它的功能包括寻呼、聊天、电子邮件和文件传输等。用户只要把这个OICQ安装到自己的计算机上，它就会与Windows系统兼容，并立即在计算机屏幕上显示一个图标，用户在开机的时候，它就会自动显示出来。用户能够知道自己的朋友是否在上网，如果用户有什么事情想与对方交流，可以直接进行沟通。

可是，创业并不是闹着玩的，这可比编写计算机程序复杂多了。腾讯公司刚成立之时就遭遇了第一次互联网泡沫席卷整个中国，那是OICQ的冬天，是腾讯的冬天。在这个严酷的“冬天”里，小马哥想到了好友丁磊，网易公司创始人。当年，同是打工仔的两人经常在一起喝啤酒，都不知道自己的未来到底是什么样子。丁磊后来的成功给了他莫大的鼓励，只要去做，什么事情都是可以做到的。

理想是丰满的，但现实是非常骨感的。在互联网大海中冲浪，呛几口水是小事，有时几乎会被呛死。这家只有十几个人的小公司，在深圳一百多家同类企业中太不起眼了。一旦出现一个小小的项目，整个腾讯便会全部出动，为了让客户能够瞧得起自己，有时还得冒充一下大公司的工作人员，小马哥名片上印的是“工程师”，而不敢印“总经理”，他最大的期望是腾讯能够生存下去，不至于在冰天雪地中冻死。

那段时间，小马哥曾一度想卖掉腾讯，跟当时国内最大的两家 IT 企业接触后，它们都想一次性买断 OICQ 软件版权，但由于理想价格与现实价格相差太远，谈判没有成功，这让本想依靠 OICQ 软件多赚点钱的小马哥很是失望。

后来，每当回忆起当时的情况时，小马哥都庆幸当初谈判没有成功，如果那几次谈判成功了，腾讯日后发展成什么样无人知晓。同时他也验证了那句真理：在 IT 界办企业不能只看眼前利益。而很多有才华的互联网人才往往没有意识到这一点，失去了成长起来的机会。

卖不掉的腾讯，用户像滚雪球一样快速增长，企业运营所需的资金越来越多，小马哥只好到处去筹备资金，找银行，他想凭注册用户数量申请抵押贷款，可银行根本不理他，厂房、设备、地产，你有吗？小马哥一样也没有；去见那些投资商，对方仿佛与银行统一了口径一样，你有多少固定资产？

这时的腾讯几乎到了山穷水尽的境地，小马哥不知道自己的优势到底在哪里。注册用户虽然很多，但是能解决什么问题呢？难道腾讯只能靠收取申请 QQ 号的用户的注册费渡过难关？曾经有几个月，用户申请一个 QQ 号需要缴纳一定费用，这是腾讯最艰难的时刻。

那时候，从大洋彼岸的美国到刚刚接触互联网的中国，互联网在世界范围内开始火爆。受其他互联网企业海外融资的启发，小马哥带上腾讯 QQ 相关资料开始寻找投资商，遇到了 IDG 和盈科数码。腾讯获得了第一笔风险投资，马上置办了一些必需设备，并用这笔投资发展了几万名QQ注册用户。早晨，一打开办公室的门，看到那一台台崭新的计算机，小马哥心里就乐开了花。

真可谓是好戏连台，正当腾讯公司运营得风生水起时，又有投资商助其在香港上市。小马哥当时是没有现金资本的，他所拥有的资本，就是遍布全国各地的QQ用户。

腾讯上市后，小马哥的身价发生了翻天覆地的变化，高达17亿港币。据可靠消息，截至2015年，腾讯市值1955亿美元，是中国最大的社交网络平台。

马化腾不再是小马哥，而是演变成为互联网至尊。这个庞大的QQ、微信帝国迅速改变了人们的生活方式，QQ、微信成为大多数人必备的工具，上面有海量谈得来的人，有海量好玩的游戏。马化腾是个不喜欢热闹的人，QQ、微信的新产品总是在无声无息中推出，《QQ幻想》、微信红包、小程序等不断推出。腾讯QQ、微信的成功，对马化腾而言也许是必然，但他并没有因此而放松，而是殚精竭虑地在为腾讯的下一步发展绞尽脑汁，以使腾讯能够一如既往地矗立在应有的高度，如图2-1所示。

图2-1 腾讯QQ

从藉藉无名到中国最具价值品牌

1998年，马化腾和他的同班同学张志东一起注册成立了“深圳市腾讯计算机系统有限公司”。

当时，虽然公司已经有了开发OICQ的想法，但公司的主要业务是拓展无线网络寻呼系统，也就是为寻呼台建立网上寻呼系统。当时，寻呼在全国很火，腾讯作为一家藉藉无名的初创企业，这种针对企业或单位的软件开发工程可以说是它的最佳选择。

可令人意外的是，寻呼系统举步维艰，OICQ虽然没有赚到钱，注册用户却赢来了爆发式的增长。

激增的用户数量让马化腾的注意力发生转移，只不过这个转移并非一帆风顺。由于OICQ抢了很多ICQ的用户，甚至遭到了ICQ的起诉，为此，腾讯不得不换掉OICQ的名称，更名为QQ，并且赔偿了ICQ一定的费用。

都说从0到1是一个企业最艰难的过程。腾讯也是如此，为了解决昂贵的服务器托管费的问题，腾讯只能去蹭别人的空间和带宽。为了增加产品的活跃度，马化腾经常在QQ上与用户聊天……

腾讯的努力没有白费，随着产品技术、用户体验、市场的不断完善，以及腾讯着力打造的开放共赢的产业生态，都让腾讯在十几年的发展史中，逐渐站在了一个很少有企业能够企及的新高度。

2015 年，BrandZ“中国最具价值品牌百强榜”发布，腾讯位列榜首，如表 2-1 所示。2016 年，腾讯再次蝉联这一桂冠。

表2-1　2016年最具价值中国品牌10强

2016年	品牌	类别	品牌价值（百万美元）	与2015年相比	2016年
1	腾讯	科技	82.107	24%	1
2	中国移动	电信服务	57.157	2%	3
3	阿里巴巴	零售	47.605	-20%	2
4	中国工商银行	银行	34.276	-1%	4
5	百度	科技	26.849	-13%	5
6	中国建设银行	银行	19.720	-6%	6
7	华为	科技	18.501	新上榜	新上榜
8	中国农业银行	银行	16.239	5%	8
9	中国平安	保险	15.624	41%	11
10	中国人寿	保险	15.504	53%	12

2018 年 5 月，全球最大的传播集团 WPP 又在英国伦敦发布了 2018 BrandZ 全球最具价值品牌榜。在这份榜单中，谷歌排名第一，腾讯位列第五。继 2017 年成为历史上首次进入榜单前 10 名的中国公司后（2017 年排名第八），2018 年明显又进了一步，如图 2-2 所示。

图2-2　全球最具价值品牌榜腾讯名列第八

谁能想到，从1998年到2017年，仅仅19年时间，腾讯已经完成了很多企业梦寐以求的高度，原本藉藉无名要靠无线寻呼系统求生的小公司，如今已经成为总市值突破3000亿美元的腾讯帝国。

从扎根本土到布局全球

互联网天生具有跨地域、跨时空的特性，因此，互联网企业也就先天有着国际化运营的趋势。

腾讯出海已经有几年的尝试，在2011年时，腾讯就从高盛挖来了詹姆斯·米歇尔，命其担任腾讯的首席战略官，主打的就是海外投资。

在早些时候，腾讯主打的还是微信，腾讯针对海外用户开发的WeChat的注册用户正在快速增长，目前用户已经超过了7000万。除了我国国内，WeChat还成功进入了菲律宾、泰国、马来西亚、印度、印度尼西亚、新加坡、墨西哥、巴西等国家和地区。

为了开拓海外社交市场，腾讯做了很多尝试，曾经不惜重金与明星们签约广告。2013年，腾讯联手足球巨星梅西，大力推广海外版微信。这个广告在全球15个国家和地区均有上线，如图2-3所示。

同时，腾讯也没忘记和海外的知名企业合作。例如，在泰国，腾讯就与当地知名饮料品牌Chang密切合作，为Chang开通了官方账号，开展表情定制、线上与线下的联合运营等。

图2-3　腾讯开拓海外社交市场

这种主打社交产品的海外布局虽取得了一定效果，但在 Facebook 等国际重要社交巨头的打压下，腾讯却有些举步维艰。有统计显示，Facebook 在全球已经拥有超过 20 亿的用户，活跃用户数量约占全球活跃互联网人口的 60%。

为了与 Facebook 抢占市场，腾讯也做了一些尝试，例如，仿照 Facebook 的版本推出“社交 + 购物”的产品。但这些尝试的效果还没有显现出来，同时它也是一种非常烧钱的举动。那么，有没有一种成本低廉，既能赚钱又能迅速扩张至全球的产业布局呢？

在这种情况下，腾讯改变了方向，选择以游戏为主、社交为辅的方式，最终取得了巨大的成功。

腾讯的布局并不是直接将国内的产品推出海外版的方式，而是加大海外战略投资和并购力度，以此来打造全球游戏的投资组合。

从 2013 年开始，腾讯频频出击，大肆烧钱投资和收购海外游戏公司。例如，花费 86 亿美元收购 Supercell，花费 30 亿美元收购 Rovio

Entertainment。2017 年 8 月 1 日，腾讯又以 1.563 亿元人民币对英国游戏开发商 Frontier Developments 进行了战略投资，成为该公司的第二大股东。从游戏引擎到游戏的制作发行，腾讯都在出击，几乎涉及了游戏行业的每一个方面。

过去的 5 年，腾讯总共在全球游戏投资和入股中花费了 625 亿美元，这一数据远超中国其他互联网巨头，如阿里巴巴、百度等，腾讯也成为在全球游戏领域里最活跃的参与者。

这一系列动作也为腾讯带来了丰收。2016 年年底，腾讯成为全球排名第一的游戏厂商，超过了传统的 Sony、EA 等知名企业。

除此以外，腾讯还在全球进行了包括云计算等方面的布局，而这个布局目前主要是为腾讯的游戏帝国服务。综合来看，腾讯的海外投资主要集中于游戏、电商和社交三大领域，其中游戏占比达 70%。

近年来，《和平精英》的巨大成功更是让腾讯看到了“游戏 + 社交”的巨大希望，腾讯很可能基于这种模式，利用并购和参股的产品进行尝试，来与其国际化的主要竞争对手 Facebook 相抗衡。

2017 年 6 月 22 日，腾讯游戏云全球化建设和生态战略在腾讯“云 + 未来”峰会游戏专场上亮相，腾讯游戏云资深产品经理马亮在会上说：“中国游戏出海每年至少保证在 35% 的增长，而中国企业关注的游戏市场每年都有 20% 以上的增长比例。中国游戏企业在当下的时机出海，成长空间非常大。”

在全球化进程中，腾讯逐渐从扎根本土走到了布局全球，并且成为一家以游戏为核心，带动社交、云服务、内容、广告、电商等方面业务的全球化公司，并且还在不断攻城略地。所有这一切来得太快，让我们不得不细致拷问：在腾讯的身上，究竟发生了什么？

第二篇
腾讯的发展、扩张和盈利模式

第三章　马化腾打下的坚实烙印

抓住人们的社交需求，大胆推出 QQ

从 QQ 问世开始，到现在平台上大量的产品涌现，如何满足用户的需求，创造更大的利润，一直是腾讯不懈的追求。马化腾认为，如果不能主动进入时代洪流，腾讯就会很被动。而进入时代洪流的前提是技术创新，技术创新的基础就是及时、准确地把握用户需求。

我们来看看腾讯的业绩：1998 年腾讯推出 QQ，2004 年腾讯在香港上市，上市当年腾讯的总收入为 11.44 亿元（人民币，下同），盈利为 4.41 亿元。2014 年，腾讯总收入为 789.32 亿元（128.99 亿美元），比 2013 年增长 31%。年度盈利为 305.42 亿元（49.91 亿美元），比 2013 年增长 59%。

腾讯的发展很好地诠释了"'玩'也是一种生产力"这句话。进一步解读这句话，腾讯创业的动力是因为有着极大的乐趣，是玩和用户需求完美结合的产物。这是腾讯公司创立的初衷，也是马化腾开发 QQ 的根本源泉。马化腾认为，按照自己的兴趣、渴望、理想，专注地去做自己最擅长的那些事情，就是有梦想有行动力的创业者。

有人说，马化腾的成长之路也是腾讯自身辉煌的反映。的确，早在大学时期，马化腾就在计算机上找到了无穷的乐趣，从此便痴迷于计算机软件的开发，其技术能力突飞猛进，成为各种计算机问题的克星，这让老师和同学们对他刮目相看，无论是学校的计算机还是同学的计算机，一旦出现什么问题，最先想到的就是他，并且他对维修计算机乐此不疲。当然，马化腾也会做一些技术方面的恶作剧，弄得计算机管理员摸不着头脑。此时的马化腾像所有技术高手一样，想通过自己的高超技术，显示他的存在价值。但是，后来的马化腾改变了这一想法，专心做自己的技术。

那时候，马化腾就有了未来创业的想法，对一个刚刚毕业的穷学生来说，所需的资金数目是他无法承受的。也许是天佑有心人。20 世纪 90 年代初的深圳也被火热的股市冲击着，曾出现百万人抢购股票的情景，马化腾也从中得到了实惠。最好的纪录是他将 10 万元炒到了 70 万元，不久便拥有了百万资产。尝到甜头的马化腾也从中得到了许多启发，他设计了一个适用于炒股的软件，并且与一家公司达成了购买意向。当人家问他价格时，他也不清楚自己到底该要多少钱才合适。没想到人家开口给了 5 万元，这让他大感意外。从此，马化腾明白了一个道理：什么技术是最好的？能够抓住人们的需求就是最好的。

“紧紧抓住人们的需求”这一理念萌发后，马化腾又大胆地推出了一款炒股产品。那时的深圳，人们炒股成风。马化腾在参与炒股的时候，就琢磨着能不能用某种方式把股票走势通过计算机实时反映出来，让那些炒股的人在家里就可以了解股市行情，不用总待在证券公司里。如果成功，这里面肯定蕴藏着巨大的利润。于是马化腾开始研究市场上的各种股票板卡，经过一段时间的钻研，他开发出一个炒股软件，并给它取名叫“股霸卡”，该卡刚上市就销售一空，这也为他后来创办腾讯公司积累了资金。

马化腾之所以能够开发出QQ，成为“QQ之父”，就是因为他把兴趣转化为工作。许多人并不明白他是凭什么成功的，还一直认为他拥有超人的才智。其实，那时的马化腾在商业上还是一个门外汉，虽然开发过一些适用于炒股的软件，可没有从商业的方面去发展，考虑最多的是技术层面的东西，他认为能够用自己的编程技术开发出一个实用的产品，帮助他人达到某种便利，对自己而言是件有意义的事情。尽管马化腾一再声明自己没有超人的才智，但他的行动却说明了腾讯获得成功的基石，就是把自己的兴趣转化成能够帮助他人的商品，让他人觉得你开发出来的东西是有用的，就会引起他人的兴趣，很快占领市场。

可以说，像马化腾这样的技术高手，在中国数不胜数，这是不争的事实，但问题的关键是，那些所谓的技术高手只是单纯地痴迷于技术本身，并不关心这个技术能不能为社会、为他人带来影响或益处。有些技术高手为了证明自己的能力高人一等，会置社会利益于不顾，打破底线去展示自己，只为争个我高你低，要个老大的名分，甚至因此失去了道德底线。

QQ的深入人心，有人说是马化腾太幸运。而马化腾则认为这是源于对互联网的兴趣，成就了今天的腾讯QQ辉煌。因为他是个痴迷网络生活的人，特别清楚网友们当时最迫切的网络需求就是人与人之间直接交流，这是社交中最重要的部分。抓住了这个需求，就等于积累起了庞大的用户群。基于此，腾讯开发出了用户最需要的产品，所以腾讯成功了。这说明了一个道理：想赢得更多的用户及更大的利润，就要抓住民众的需求心理，并且坚持下去，就会有意想不到的收获。

“玩”出互联网传奇，做首席体验师

世界很大任你玩。有人玩游艇、有人玩魔术、有人玩 COSPLAY、有人玩收藏、有人玩赛车……玩，谁都会，但是能玩出花样的可就寥寥无几了，能玩出境界的更是凤毛麟角。

玩，从本质上而言，产生于兴趣，有兴趣才有乐趣。例如，酷爱绘画的机械系大学生玩成了一个山水画家；学化学的学生玩上了文学，毕业之后成为电视台的记者。甚至沉迷于象棋的游戏玩家有一天竟然代表中国队出国比赛；喜欢玩 CS 的成为游戏开发高手……这些人的原则是很好玩、很会玩、很值得玩，只要玩得认真、玩得出色，一样能玩出属于自己的天地。

纵观腾讯的“玩”，是“玩”出了名堂，玩出了财富，玩出了一个互联网传奇——QQ 成功了。马化腾完成了从技术高手到“企鹅帝国”掌门人的转换，体现了玩就要玩出境界的高深内涵，而这种玩包含着理性、务实、实用的成分，体现了马化腾从创业至今的发展原则，并决定了后来腾讯的发展。

早些时候，马化腾开发出两款炒股软件，不仅让马化腾获得了财富，更让他收获了三方面经验：

首先，马化懂得了玩出境界的标志——技术不是用来攀比的，而是实用的。不管你干什么，最大的意义就在于满足人们的社会需求，而不是一个人在房间里自娱自乐。现实就是这样的，往往有许多技术工作者对本身的智力自信满满，认为开发出一款产品的目的就是让他人看看自己有多厉害。但马化腾始终要求自己开发出的产品能够给大家带来便利，并且一直以此为原则，乐此不疲。

其次，所谓的创新，未必是原创发明，看看同类技术产品有哪些优点和缺点，在此基础上再进行重构建，是走向成功的高速路。懂得借鉴和学习先进技术的优点，等于站在巨人的肩膀上看世界，这就是腾讯能够跻身于“BAT”三巨头的法宝之一。

最后，把自己的兴趣与人们的社会需求有机地结合起来，将产生无法想象的连锁反应。这是马化腾懂得了把自己的兴趣转化为技术，技术转化为人们的需求，人们的需求转化为利润的过程和意义。

有了这些经验之后，马化腾敏锐地发现，当时的互联网正呈现爆炸式成长。尽管当时的计算机还像卓别林时期的电影一样，是黑白的和无声的，他仍旧沉迷其中，本来就不多的几篇新闻，看了一遍又一遍，实在没事做了，就在网络上游荡。不久，一个可以聊天的东西 ICQ 激发了马化腾的极大兴趣。

这个可以聊天的东西是几名大学生制作出来的，它可以让并不认识、也不在同一个地方的人通过互联网，进行聊天。这就是马化腾开发腾讯QQ 的模板。当然，谁也没有想到，就是这款不起眼的小软件，为中国互联网事业带来了翻天覆地的变化，如图 3-1 所示。

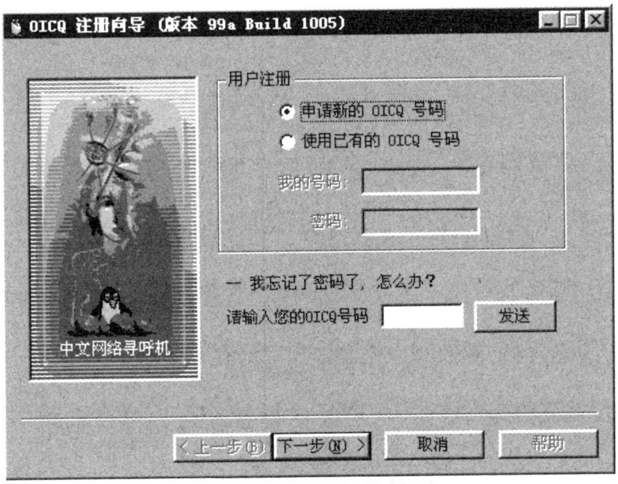

图3-1　OICQ注册界面

伟大有时就源于一念之间，马化腾认为这个可以聊天的东西好是好，要是有中文版就更好了。他把自己的想法告诉了公司领导层，希望开发一个可以寻呼又可以聊天的软件，但公司领导不知道这个软件能不能为公司带来利润，认为没有发展前途，被否定了。但马化腾没有放弃，他决定开发中文版“OICQ”。这就是 OICQ99A Beta1 作为 QQ 历史上的第一个版本。

当时，马化腾并不知道如何利用这只小企鹅去获得财富，只是觉得让大家可以在互联网上随便聊天肯定会有用，就研发出了这只小企鹅。

在刚诞生的腾讯公司里，害羞、温和、聪明，内心激情澎湃的马化腾和几个员工——合作者预感到了这只小企鹅的美好前景，悄无声息地挂上了线，免费提供给大家使用。从此，刚兴起的互联网和刚诞生的 QQ 一起改变着人们的生活方式。当时，在校的大学生们纷纷下载 QQ，这只小企鹅在大学校园里迅速普及开来。谁也没有料到，这个不被马化腾前公司领导看好的 QQ，在不到一年的时间里就拥有了 500 万注册用户。

不过一开始，腾讯 QQ 并没有像马化腾预料的那样，为这个刚成立的公司带来巨大的经济效益，甚至想在众多竞争者中生存下去都很难。但是，事实证明，马化腾在无意中创造了一个庞大的 QQ 帝国，改变了人们的沟通方式，许多人可以没有手机，但不能没有 QQ。

在腾讯，马化腾不仅是个不折不扣的网虫，还担任着首席体验师的角色。腾讯 QQ 之所以会取得今天的业绩，凭借的是广大用户的忠诚，所以，马化腾把用户体验永远放在第一位。即使在今天，这位身价千亿元的腾讯老大，每天也会用一个小时上网，以用户的心态去检验公司的新产品。他会以一个普通网民的身份去感受什么地方不方便或什么地方用起来别扭等细节，会提出很多建议。马化腾一直坚持这么做，也感染和带动了公司全体员工。

这是一条充满坎坷的路，同时也是用最笨的办法能最快地走下去的路。不经历风雨，如何见得到彩虹？要像千千万万个用户那样，不断地使用每一个产品，一旦发现不足之处，立即解决，这样才能把产品做到完美。要静下心来去听取不同用户的抱怨和反馈。为此，腾讯一直在实行“10/100/1000 法则”。这个方法看似很简单，但执行起来其实很难。

高调学习，低调行事

马化腾没有像李彦宏那样在美国的大学学习过，也没有像马云那样被大家称为“骗子、疯子、狂人”。以技术见长的他心慈面善，被大家公认为是脾气最好、最温柔的人，他一般不接受各界媒体采访，而腾讯公司内部仅有的几张照片，也是在同事们“威逼”下特意拍的。外界只对 QQ、微信有所了解，对他知之甚少，大家的一致评价是“低调”，如图 3-2 所示。

图3-2　腾讯网

但就是这样一个人，非常清楚腾讯能取得今天的成绩，大多数是因为他仍然保持着高调学习的心态。如果大家没有一个学习的心态，只是搭建一个互联网平台就再也不学习了，会很快被淘汰，那些竞争对手并不是等闲之辈，他们随时有可能赶上来碾压你，“如果不把中间可以减少成本损耗的地方、提高效率的地方、能与对手做出差异化的地方都找出来的话，也是打不赢的，所以必须迎头赶上，深入这个行业。”马化腾曾在一次公司大会上如是说。

很多人认为腾讯公司在过去的十几年里有很多事情做得不错，但马化腾却认为有许多做得不好的地方，他说："但我觉得我们要坚持的一个最可贵的文化或者传统就是要保持学习的心态。现在不熟悉的东西，如果一旦认为战略上需要，我们就要努力去学习，不要怕难，也不要认为不可能。"腾讯公司发展到今天，要进入互联网行业下一阶段的比赛了，更要保持学习的心态，马化腾希望腾讯的文化不断求变，试了、错了就要立刻改，要找出问题背后的原因，迅速学习、迅速改，这种文化一定要坚持，这是让腾讯公司持续发展下去的最重要的一个因素。

我们常说：学习是进步的最好途径。就是说人们如果对一个事物保持着学习的态度，就会改掉自身的不足、不良的习惯，从而拥有更大的精力去接触、去体验，不管遇到什么难题，都会想尽一切办法去克服，以使工作进行下去。其实，这种学习状态就是创业者必须具备的素质之一。由于始终保持着学习的心态，你就拥有了不断充实自己的基础。比起其他创业者，你就拥有了一个成功的保证，在今后的创业路上无论遇到多大的困难，你都占有一定的优势。

大家可能会有这样的切身体会，当我们抱着把不懂的事情要搞明白的态度的时候，就会想方设法把它搞清楚，即使碰到再大的难题，也会不达目的决不罢休。大量事实证明，在创业路上，当创业者抱着学习的态度去做一件事情的时候，就会比那些眼高手低、自以为是的人，成功的概率要大得多。

保持学习的心态是创业最坚实的后盾，是一个人创业成功的保证，靠以往的知识和经验不可能解决所有问题。因为有了保持学习的心态，遇到的困难就不再是困难，痛苦也不再是痛苦，这一切都将成为追求成功路上的美好体验，成为一种享受。如果一个人以保持学习的心态去创业，那就没有失败，这是自己对美好事物的向往，这本身就是一件很惬意的事，成功，只不过是对坚持这种行为的一个肯定。

掌管着QQ帝国的马化腾，始终把保持学习的心态看作腾讯成功的必备素质，他清楚地知道自己想要的是什么，这往往是一份事业成功的基础。而精明的投资者也会注重考察创始人干事业的心态是什么，当初IDG和盈科数码投资马化腾，看到的不是他的QQ资料有多么美好，而是看到马化腾是一个互联网痴迷者，对自己梦想与兴趣的义无反顾。因此，想创业的人需要思考：自己的兴趣是什么？自己的特长和天赋是什么？自己对什么东西感到痴迷、忘我和陶醉？自己到底抱着什么样的心态去做这件事情？

保持学习的心态会让人变得富有。马化腾一直认为，一个人一旦有了这样的心态，就会想到给他人解决问题，给社会带来便利，就会前途无量。可以说，赚钱的方法有很多种，也有很多种问题需要去解决。关键是，你想要解决哪一种问题，你解决的问题越多，你就会变得越富有。

要想创业就要想好你爱好什么，在此基础上看一下自己能够解决什么样的问题，你身边的人有什么需要没有得到满足，然后针对这些问题去努力，这才更容易走向成功。例如，你很喜欢驾驶，又发现身边的人尤其是女性司机在开车时往往手忙脚乱，迫切需要指导，那就开发一个驾驶类的App。你沉迷于绘画，但你画出来的东西并没有多少人看到，也引不起大家的兴趣，那就创建一个绘画类的App。你是个编程高手，却发现网络上到处充斥着很低级的应用客户端，那就开发一个简单好用的软件。

马化腾开发出 QQ 是从使用 ICQ 软件开始的，他发现这个软件有很多不足之处，如不能创造陌生交友的场景，不能在更换计算机后还保持原有的好友列表等。于是他开发出了一个适合中国人的沟通软件，并在日后发展过程中不断学习、改变，这才是腾讯不断成功的一个最重要的 DNA。

用发展的眼光看待未来

大家都熟悉一个成语，叫“真知灼见”。大多数人认为这是说一个人对身边已经发生的事物有独到的见解。其实，应用在企业方面，它代表的更多的是超前思维，就是用将来可能出现的情况对现在进行弹性调整的一种思维方式。换句话说，真知灼见就是企业家如何用目标、计划、要求来指导企业发展的思维方式。它要求那些企业家要目光远大，不要只看到目前；要用发展的眼光关注未来的前景；抓住未来发展趋势，制订相应对策，牢牢把握企业发展的主动权。

不管一家企业的规模有多大，领导者的真知灼见和出色洞察力，都对企业的发展起着至关重要的作用，只有具备这两种能力的领导者，才能为企业和产品的创新指明方向。

在美国，一个人开了个百货商店，销售的商品比其他商店都便宜。有人认为这是傻子的行为，卖的东西价格比别人低，一定是不赚钱的，还开商店干什么？这个老板对人们这样的评论并不在意，因为有这种观念的人一定发不了大财，而自己的商店在不久的将来会有越来越多的顾客。

这个人就是沃尔玛连锁超市的创始人山姆·沃尔顿。在市场竞争中，那些有真知灼见的领导者并不需要花大量的时间去思考，因为他已经找到了一条正确的发展道路，即使当时众人并不理解他的这种行为。等众人明白时，它已经成长为一家大型企业了。

汽车、飞机、航船、电脑、手机，这些已经给人类社会带来巨变的发明和创新大都是着眼于未来、立足于明天的观点而构想出来的。对一个领导者而言，如果你不能够预知未来，就不会先人一步走在市场的前沿，就会落后于竞争对手，最终被市场无情地淘汰出局。

例如，2005 年，腾讯公司为“在线生活”注入大批资金。腾讯这次没有采用外部投资的方式，而是通过投资公司内部的研发部门来进行，最终令腾讯在游戏、门户网站和互联网增值服务等方面得到了快速发展，成就了腾讯的黄金时期。

马化腾在接受《经济观察报》的采访中谈到：腾讯还是立足于长远。腾讯不会把利润放在账面上，而是希望把更多利润投入长远的发展中。

例如 2008 年 9 月中旬，腾讯启动校园巡讲，并从全国各个城市的高校招聘了大量新员工，以填充到软件工程、产品策划、网页及 UI 美术设计、专利管理等岗位，表明了它与微软、谷歌等大企业在争夺人才。腾讯的迅猛发展态势，让马化腾不得不做出了储备人才的决定，以满足在更多市场领域扩张的需要。

马化腾在 2010 财年财报的发布会上表示：“腾讯将积极拥抱未来的机

遇与挑战，并正在进入一个新的投资周期。除了持续投资现有业务，腾讯还将在微博、电子商务、搜索和网络安全等一些新的战略领域进行大量的资本投入。”

2013 年 11 月，马化腾在与中国企业家俱乐部理事的谈话中更是提到：股价高，公司压力很大。从长远的角度看，我觉得投资人理解就理解，不理解就算了，股价高低都不是我们太关注的，大家期望的是未来。说移动互联网肯定很有前途，现在挣钱不多不要紧，关键是把这个事列入战略。

但是，我们知道，这是一个长期投入，因为很多商业化收入未必产生立竿见影的效果，但趋势是能看得到的，这么多人用手机、用互联网的服务，不可能坏到哪里去。所以说，有一种长远的发展思路，该投资的就投资，中短期的利润多点少点都不要紧，都是阶段性问题。

时刻都不能忽略的危机感

与那些自认为成功的企业家相比，马化腾表现出来的却是另一副样子：忧虑。和他聊天，谈得最多的不是腾讯的成功，而是腾讯面临的危机。

比尔·盖茨说：“微软离破产永远只有 18 个月。”

张瑞敏说：“永远战战兢兢，永远如履薄冰。”

任正非说：“华为应该时时为自己准备过冬的棉袄。”

难道马化腾是受了他们的传染不成？其实，早先轰动一时的“3Q 大战”就让马化腾意识到了强烈的危机感，来自竞争对手的挑战无处不在。在那场互联网史无前例的大战之后，腾讯就入股金山，开始在之前忽略的杀毒软件上发力，重视起了电脑管家和腾讯手机管家。

保持危机感是企业实现长青发展的重要保证。因此，一些有远见的企业家十分重视培养员工的危机意识。如果没有这份危机感，再大的企业都有可能瞬间倒下。这些年，摩托罗拉、诺基亚的集体衰败，微软面临毁灭，MSN 失败，美特斯邦威做电商失败，李宁等服装巨头陷入库存门，就是最明显的例证。

正是因为马化腾始终保持着这种诚惶诚恐、居安思危的心态，时刻具有“危机感”，腾讯才能够越来越强大。

这不得不让人想起了一个故事：有个濒临灭绝的鹿群被保护起来后，却出现了另外一个问题——这些鹿的身体素质不仅越来越差，还生出各种稀奇古怪的病症。科学家们使用了各种办法治疗这些病症，却总也不见好。最后，有一位动物家建议把狼带到保护区。

当狼群来到保护区后，这些鹿为了不被狼吃掉，拼命奔跑，不过几个月的时间，鹿群所有的病症竟然都消失了，它们变得异常健壮。

总结起来，就是一句话：只有在充满危机感和紧迫感的情况下，一个群体才能更好地生存。没有危险才是最大的危险。

危机对企业产生的作用一般有两种形式：一种是渐进性破坏。典型案例非福特汽车公司莫属，其衰落期长达 30 年。另一种是急剧性破坏。典型案例是 20 世纪 80 年代美国碳化物联合公司印度博帕尔工厂的泄毒事故，造成两千人死亡，十多万人受伤，这次事故导致该公司面临上亿美元的诉讼。

大多数情况是，企业危机在突然间就爆发出来，之前没有任何迹象表明将有重大事情发生，倒闭或破产仿佛都发生在一夜之间。如果企业领导者们心中有一种危机意识，能够注意到任何非正常的运转迹象，就不会在危机来临时措手不及。并且，与企业环境密切相关的外部环境突变，如战争、经济政策调整、在外国投资的公司被国有化或被没收等，也会引起突发性危机。

危机不知什么时候就会降临到一家企业，具有无法估量的破坏性是任何危机都有的基本特点。如果认识不到这一点，领导者们缺乏危机意识，一旦危机来临，企业势必经受不住这样的灭顶之灾，甚至破产或倒闭。因此，想要游刃有余地应对危机、战胜危机，最关键的就是要有危机意识，以及对危机的正确认知。

虽然腾讯已取得了让世人瞩目的成绩，但马化腾却会时时感受到危机已经来临，“外面的人给你很多掌声的时候是最危险的。”所以，具有颠覆性意义的产品——微信诞生了，这正是腾讯推行内部团队竞争机制的成果。危机感帮助腾讯一次又一次涉足之前从未做过的领域，并且每一次的进军都是成功的。这对于互联网行业乃至整个商界都具有借鉴意义。

马化腾早年在《新商务周刊》上发表了一篇文章，其中有一段写道：腾讯早年错失了电子商务和搜索业务，做得最早、最擅长的业务是即时通信和网络社区，在这个领域迈入移动互联网化的时候，腾讯理所当然是最敏感的。但我们也感到了万幸，坦白说是惊出了一身冷汗——不管一个公司有多强，在移动互联网大潮面前，稍有疏忽就会翻船。

另外，马化腾在谈“创业者始终要保持诚惶诚恐的心态”时也表示：雅虎并购事件给业界带来很大的震撼，我们的投资者、股东都会问腾讯到底想做成什么样的公司，是雅虎这样的吗？我说，不能这样比。仅从业务的全面性角度说，腾讯像是雅虎，但又不太一样，因为内部结构完全不同。与后来出现的创新者谷歌等对手比，雅虎的确落后了，失去了创新精神。

在中国，互联网行业变化迅速，不管企业做成什么样，作为创业者都要保持一种诚惶诚恐的心态才行。腾讯在很多方面很敏感，一有什么新东西就赶紧跟进、先去尝试，因为我们不知道什么东西会火起来，在探讨过它的前景之后，如果好，就会及时决策。

不管是在风投看来，还是在竞争对手眼中，腾讯公司都是一块难啃的“硬骨头”，因为它是最有可能实现通信、门户、商务、搜索和支付五类业务的组合。

现在，功成名就的马化腾表现出来的依然是少言寡语、羞于见人，有人觉得这是低调、是务实。但是外界所不知道的是，他始终保持着对产品的执着和随时都可能被超越的惶恐心态，在制定公司未来发展战略和管理制度时，他也显得越发清醒。

2018 年 5 月，马化腾在知乎上发问：“未来十年哪些基础科学突破会影响互联网科技产业？产业互联网和消费互联网融合创新，会带来哪些改变？”从中我们可以看出马化腾的焦虑。他曾写过一篇文章谈到自己的焦虑：没有永远的第一，甚至都没有对错，只要用户没兴趣了，你就会被淘汰掉，这是互联网行业的残酷。

马化腾的危机感影响着全体腾讯人，马化腾曾把腾讯的成功归结于公司全体员工心中都有一种“危机感”。正是在对未知“危机”的敏感中，腾讯公司才涉足了网络游戏、电子商务和搜索引擎等领域。

第四章　创新：快速研发有吸引力的产品

互联网时代，唯快不破

20世纪80年代，海尔总裁张瑞敏在给公司高管们开会时问在场的人："石头怎样才能在水面上飞起来？"有人说把石头掏空，张瑞敏说石头只能是实的；有人说在石头下面放一块木板，张瑞敏说不允许使用木板；有人认为石头是假的，张瑞敏说石头是真的。大家都觉得很奇怪，不知道怎样才能做到。张瑞敏问他们：谁玩过打水漂？大家立刻明白，打水漂时石头就是在水面上飞的。大家还是不理解，这与自己有什么关系呢？张瑞敏又问："打水漂的时候，石头为什么可以在水面飞起来？"有人回答说："因为此时石头有速度、有方向。"张瑞敏很认同，因为只有快，才能让石头真的在水面飞起来。

"天下武功，以快为尊，唯快不破。"在互联网时代，速度一定要跟上来。

马化腾在日常工作中，也时常警告腾讯的员工要快，要专注，注重用户体验和务实，所有这些让腾讯具备了产品第一、注重用户体验的产品基因，具备了依靠人才、依靠团队的组织基因，具备了持续创新、以变应变的文化基因，因此腾讯才能够取得这样的成绩：2019 年 3 月，腾讯发布 2018 年财报，财报显示 QQ 整体月活跃账户数达到 8.07 亿，微信和 WeChat（微信海外版）合并月活跃账户数达 10.98 亿，每天平均有超过 7.5 亿微信用户阅读朋友圈。另外，腾讯 2018 年全年实现营收 3126.94 亿元，同比增长 32%。其发展速度快得惊人。

腾讯的理念始终认为互联网时代，唯快不破，马化腾曾说："做敏捷企业、快速迭代产品的关键是主动变化，主动变化比应变能力更重要。"他说，每一个时代都有自身的特征，特别是处于互联网时代，一切都不是永恒的，什么事情都会瞬息万变，尤其是对一家互联网公司而言，能够具备一种应变能力是非常重要的，能够具备主动变化的能力更为关键。如果企业的管理干部、技术人员能够及时预见问题、主动变化，那么企业就不会在这个竞争异常激烈的时代落伍。

企业在保持持续发展的基础上，一定要增强核心竞争力，不忘初心，方得始终。从腾讯公司成立那天开始，马化腾就要求公司员工、管理者在技术创新、产品换代等方面保持创造性、颠覆性的欲望和激情，始终保持一颗专注、求变的初心，还要保持向他人甚至向竞争对手学习的心态。在 2011 年之前，腾讯公司实行的是业务纵队的做法，这使得不同的业务单元保持了一定程度的灵活性，但后来的市场情况证明，这还远远不够。

在传统企业经营中，经常存在这样的现象：有些企业总是喜欢把各种业务都汇聚在一起，地产、机械、家电等都想尝试一下；有些企业把追求完美当作毕生目标，要把产品制作到最完美的程度才面市；有些企业领导者非常清楚创新的重要性，但又瞻前顾后，致使许多机会在犹犹豫豫中白白地浪费了。

腾讯认为，追求完美没有错，但在互联网时代还持有这种态度是迟早要进入死胡同的，因为市场是一日千里的，它不会等你把事情做到完美了才给你机会。在这个信息爆炸的时代，一个优秀的产品大多是从缺陷开始的。同时，千万不要以为先进入市场就可以引领市场。在今天这个市场环境中，自己的对手会像狼一样有着灵敏的嗅觉，很快赶上来。他们会比你做得更好，你的完美程度随时有可能被他们超越。

腾讯对所有员工的要求就是“小步快跑，快速迭代”。尽管腾讯的每一个产品面市时都不是完美的，但是如果每天发现、改进几个小问题，用不了多久就会把产品一步步改好。

因此，腾讯的做法一贯是，首先从有缺陷开始，最后以完美为结局。这就要求公司员工改变自己的思维方式。互联网行业有一句这样的俗语：不会画画的厨师不是好司机。这句话听起来彼此是不相干的，但看看瞬息万变的互联网，还是很有道理的。厨师的竞争对手不一定是另一个厨师，而可能是画家、司机，想生存就得让自己成为一个画家、司机。例如，360 把以杀毒软件为生的企业都活活逼死了，它把整个杀毒软件市场都颠覆了，原来杀毒软件都是付费的，360 却免费杀毒，令传统杀毒软件厂商猝不及防，于是迅速占领个人杀毒市场。其实，这样的例子还有许多，可口可乐与百事可乐竞争，火了王老吉。所以，真正的对手不只是来自行业内，还有可能来自行业外。

腾讯发现自己最大的优势还是做社交，走精细化路线，并通过社群运营来布局自己的商业路线，于是微信横空出世。首先是微信移动互联网入口，微信是公认的移动互联网首选入口；其次是支付系统的建立，微信红包在很短的时间内就培养了大量微信支付用户，并不断地扩张支付用户，支付宝受到了严重的威胁。

模仿是学习，更是一种创新途径

创新是企业的核心竞争力。谈到创新，有些企业家认为："要进行理念创新、战略创新、管理创新、产品创新、技术创新。"作为一家互联网企业，腾讯公司一直提倡学习型创新和整合应用型创新，马化腾始终认为，最关键的还是核心技术的创新。只有坚持不懈地自主创新研发出来的产品才能真正满足广大用户的需求，从而赢得市场。

腾讯公司自成立之日起就没有停止过创新。正是因为有了这种不懈的创新精神，腾讯才打败了如 MSN、联众、盛大等一些互联网企业，成长为"BAT"三大巨头之一。同时，腾讯也是所有互联网企业中始终致力于创新的企业之一，QQ、微信的成功就是最有力的证明。

腾讯一直强调：要抓住用户的需求，才有更大的成功概率，才会带来更多的创新机会。不管在哪个行业，尤其是互联网行业，没有"一步到位的创新”，任何创新都是在已经存在的事物上一步步改进的，模仿甚至是其中的关键。例如，QQ 截图功能就是通过模仿的方式研制出来的。

有一次，开发产品的经理提出这样一个疑问：既然 QQ 可以随便进行图片传送，那为什么不研发出一个截图的功能，能够让用户直接把截图发送给他人呢？不久之后，第一个版本的 QQ 截图功能便与大众见面了，用户可以进行简单的截图应用发送给他人。在陆续研发出来的版本中，研发人员先后在截图功能中加入了标记、文字说明等事项。目前，截图功能已经成为 QQ 的重要特征之一，甚至成为大批用户坚持使用 QQ 的主要因素。在腾讯公司，这样的创新案例有很多。模仿是学习，更是一种创新的途径，这是腾讯公司不断成功的主要动力。

当然，与那些成功的互联网企业一样，腾讯的成功的确是从模仿开始的，有所不同的是，腾讯并不是在一味地生搬硬套，而是在模仿中实行突破性创新。也就是说，创新和引入并没有对错之分，如日韩的汽车生产企业，都是先引入欧美先进的经验，然后在此基础上进行创新的。马化腾曾说过：“这是一种学习的过程，是一种吸收他人智慧的方法，先有模仿再去创新。”

马化腾倡导的就是先实施引进，引进之后再实行创新。腾讯的主业 QQ 就是这种模仿创新的典型代表。当然，马化腾自始至终没有否认 QQ 是 ICQ 的一个模仿者，但腾讯 QQ 能取得今天的突出业绩，绝不是因为模仿得到的。虽然 QQ 是从模仿开始的，但后来研发出来的一系列产品，如离线消息、QQ 群、魔法表情、移动 QQ、炫铃等产品，无一不是腾讯的自主创新结果。正是因为腾讯的不断创新，才缔造了庞大的 QQ 帝国，这使得整个腾讯有资格雄霸中国互联网市场的资本。而这些创新是 ICQ 永远也做不到的。

毋庸置疑的是，在腾讯现有的众多产品中，都可以找到先模仿再创新的例子，无论是网络游戏、拍拍网，还是无线增值、门户网站，抑或 QQ 空间、QQ 邮箱等。好奇的网友还列出了一些模仿数据，如表 4-1 所示。

表4-1　腾讯模仿数据

腾讯现在的产品	被模仿的对象
腾讯QQ	ICQ
腾讯TM	MSN
QQ游戏大厅	联众
QQ对战平台	浩方对战平台
QQ团队语音	UCTalk
QQ堂	泡泡堂
QQ音速	O2JAM
QQ三国	冒险岛
QQ炫舞	劲舞团
QQ飞车	跑跑卡丁车
QQ直播	PPLive
QQ音乐	百度MP3/酷狗
QQ播客	土豆
QQ拼音输入法	搜狗输入法
QQ交友中心	亚洲交友中心
穿越火线	CS
腾讯拍拍	淘宝
财付通	支付宝
超级旋风	迅雷
搜搜问问	百度知道

续表

腾讯现在的产品	被模仿的对象
搜吧	百度贴吧
腾讯滔滔	Twitter

无论是这位网友的捕风捉影还是证据确凿，腾讯的模仿最终成功了，在中国成功地缔造了一个无可匹敌的企鹅帝国。

其实，当前在互联网行业拥有骄人成绩的百度、360 等公司，也无不是靠模仿起家的。也有人认为，创新就是创造性的模仿。小米掌门人雷军就曾在微博上表示："腾讯的强大已经堪比二十年前的 IBM、十年前的微软，这是我们尊敬马化腾的原因。我觉得马化腾的模仿创新只要不违法也没有关系，微软当初也是这样的。"

但是腾讯并非只是模仿和借鉴，而是在跟随别人的基础上进行了创新优化，这也是行业里谈得最多的"微创新"概念。事实上，"谋定而后动"的前提是不能一味地模仿，更重要的是在模仿的基础上创新。正如狄恩·卡曼所言，用户买的不是发明或技术，而是能解决问题的创新。"所以我不盲目创新，最聪明的方法肯定是学习最佳案例，然后再超越。"马化腾曾这样解释腾讯的创新。

腾讯之所以在不同方面的进军取得了成功，不单单是由于模仿开发创新出 QQ 这个无所不能的平台，还在于腾讯一直致力于用户体验的结果。素有"QQ 之父"之称的马化腾从未把自己当成公司最高领导，他始终以技术工作者身份自居，经常以产品经理的角色出现在公司各个角落。正是凭借对用户的体验有着更深层的理解，腾讯研发出的各种产品才超越了被模仿者多少倍。例如 QQ 邮箱，除了具有其他同类软件都拥有的功能外，还能够同时接收其他邮箱邮件，这给用户带来了便利的体验。

某位互联网企业的资深产品经理总结腾讯成功的因素时说，我们大多数人习惯把创新分为三个层次，即技术创新、产品创新和应用创新，而许多企业只注重技术方面的创新，却忽略了产品和应用方面的创新，所以以失败告终。而腾讯的每个产品都能在应用方面找出市场上其他同类产品不具备的特点。

市场的竞争是残酷无情的，而腾讯公司却能逆势而起，正是其顺应了用户的需求才获得成功的。不仅在产品方面，在创新机制的管理方面，腾讯远远领先于其他同类互联网企业。2006 年 10 月，腾讯不惜斥巨资成立了腾讯研究院，吸引了大量的国内科学家和技术人员参与其中。马化腾除了将创新作为腾讯的核心价值观外，还建立了一个健全的创新体系和机制，让腾讯始终保持着创新的活力。

通过模仿再进行创新，搭建起腾讯公司的创新机制后，这只“小企鹅”正在一步步走向全新的创新征途。马化腾曾表示：腾讯的创新已不局限于技术、产品等层面，还涉及商业模式的创新和用户体验的创新。

坚持打造有吸引力的产品

在这个产品迭代和同质化非常严重的现代化商业竞争环境中，只有打造有吸引力的产品，用户才会埋单。那么，如何打造有吸引力的产品，并成功地移植一款产品的优秀基因，从而复制出一系列成功产品呢？通常，腾讯在决定开发一款产品时，开发者都会把自己当成用户。

工程师的精力是有限的，而腾讯公司的产品交互内容又多，这就需要工程师抓住最根本的问题，比如那些耗费用户流量大的地方要如何改进？用户在使用时感觉上、触觉上要怎样才更舒服？所有让用户感到困惑的地方都要改善，即使在鼠标移动少、可快速点到这些细微的地方也要改进。

产品设计的核心就是要做到极致，这也是腾讯能够缔造 QQ 帝国的根本。在腾讯，评价一个产品如何，绝不是只凭写份报告，派人去统计下流量就可以了，关键要看用户需不需要这款产品。因此，产品设计者在开发时就应该想到这款产品能给用户带来多少益处，这就说明任何产品都有其一定的核心功能。什么是核心功能呢？就是能帮助用户解决他们哪些方面的需求，如能给用户解决什么问题、提高多少效率等。

马化腾并不否认，腾讯公司的有些产品经理对核心能力的理解不够，这并不代表他们一点不理解，而是理解得不够透彻。一款优秀的产品不仅体现在功能方面，还包括性能方面。对一名产品经理而言，尤其是从事过后台技术的，如果既有能力又有信心做，一定会把后台的速度做到最高，但问题是自己的能力可能远远没有达到这个水平。例如，当网页速度变慢时，优化后速度就大幅提高了，为什么不早处理一下呢？这给用户带来了许多不便，既浪费时间又浪费资源。因此，腾讯公司就要在性能方面多投入精力。

腾讯坚持打造有吸引力的产品，尤其是在核心能力、技术上要有所突破，如图 4–1 所示。比如在 QQ 影音开发过程中，不能做别人已经开发出来的东西，步别人后尘，这不是腾讯公司的目标，虽然会有一定的市场份额，但会失去很多用户。此时，首先要关注的就是产品的硬指标。在设计和开发某个产品的时候，一定要先考虑到外界会对这个产品有哪些意见，如播放能力、占用内存等。于是，QQ 影音的核心性能和速度都超越了同类播放软件，所以面市之后在社会上引起强烈的反响。

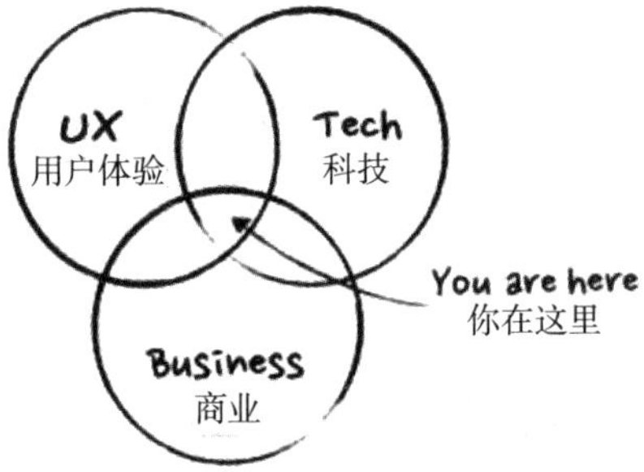

图4–1　腾讯打造核心竞争力

马化腾认为，把一款产品做到极致其实有很多种方法，比如播放、交流、分享，都可以设计得与众不同。但很多公司没有考虑到这么多方面，只是单纯地开发一款播放产品，虽然这可以满足广大用户的需求，但不能满足所有用户的需求。例如，虽然不是所有用户都需要高清，但高端用户却非常需要。只有把这些方面都做好了，产品才会有足够的吸引力。如果用户觉得自己的设备，暴风影音不能播放的文件，QQ 影音能做到，腾讯就有资格占有市场份额，因为用户的需求是第一位的，他们决定了你的产品能不能过关。

那些看似简单的产品往往做起来是很难的。因为人们对工具的要求就是清晰、简单、自然和好用。为此，腾讯内部实行了“灰度法则”管理，它包括7个维度：需求度、速度、灵活度、冗余度、开放协作度、创新度和进化度。

腾讯总是考虑怎样利用技术把产品做到最尖端，超越同类产品，让竞争对手在短时间内无法达到这个水平。有些用户在评论腾讯的某个产品时，他们一致反映这个产品传送文件快，使用其他产品就达不到这样的速度。这就是腾讯能够发展下去的理由，而公司要将这样的理由发挥到极致。例如，用户需要传送一个离线文件，即使是超大的文件也会很快传送完毕。尽管真正使用的用户范围不是很大，但当他们想传送大文件，又找不到合适的传送工具时，通过朋友介绍或其他一些途径，知道有 QQmail 这样一个工具，居然把问题轻松解决了，于是这个用户一定会成为 QQmail 的忠实客户。

如何在互联网竞争中立于不败之地？这不是体现在硬件或设备上，而是要有先进的思维方式，这样才能超越自己的竞争对手。腾讯成立至今，各类产品不断面市，它也在互联网数据中心有了深厚的积累，高速上传、大容量邮件传输的后台及基础技术支持都有很好的保障。腾讯的目的就是让用户感到超快、飞快，让他们产生特别愉快的体验。

为此，腾讯的产品经理都来自前后端的技术人员。腾讯认为产品的开发和设计必定需要一个强有力的技术人员来领导，优秀的产品也必定出自那些有技术能力、有经验的人才之手，如果一个产品经理不懂技术，只是一味地蛮干，结果就会导致方向错误，不仅会给公司造成损失，还会浪费和挫伤团队的士气。

自下而上的创新至关重要

很多人不理解，腾讯有了 QQ，为什么还要做微信？

在微信没有出现之前，如果有别的企业像腾讯一样，先期有了一个成功的社交通信产品，再产生一个微信的设想，估计很多企业会将这种想法否定。但腾讯没有，从这里面体现出来的，就是腾讯内部在产品孵化上自下而上的机制。如果腾讯觉得这个方案可行，那么它就会以小团队、小投入的形式进行探索，让产品在成长中匹配相应的资源，并让市场去决定这个产品的价值。

2010 年 10 月，张小龙还在广州负责腾讯的 QQ 邮箱业务，在看到手机即时通信的前景后，他写信给马化腾表达了自己的想法。马化腾同意了他的设想，于是由张小龙牵头，组成了一个十余人的小团队，关在“小黑屋”里封闭开发微信。

当然，众所周知，微信已经获得了巨大的成功。它在发布后不到 2 年的时间内，注册用户就超过了 3 亿，这比原来 QQ 积攒 3 亿用户的速度还要快。其实，微信在诞生之初并没有引起腾讯足够的重视，但在它显示出巨大的受众、市场前景之后，腾讯立即举全公司之力来支持微信，其中还包括将 QQ 的关系链、营销资源、社交网络、微博等都发动起来。

从微信的孵化历程来看，腾讯给了这个团队足够的空间，让他们去做创新，这种自下而上的创新正是微信产生的基础。马化腾认为，一家企业如果完全地采取自上而下的方式，只由上层领导来决定战略的方向，这家企业必定会失去活力。如果上层领导的战略制定出现了偏差，那对企业来讲就有可能是无法弥补的损失。

所以正确的做法是两手抓。既有自上而下的层面，又有自下而上的层面。腾讯采取的就是这种模式，对于相对稳健的业务，他们基本是自上而下的，因为这些业务已经比较成熟，便于控制。而对于一些新业务，就是自下而上的，允许小团队自由创新，因为这些业务还不成熟，未来的市场情况不可预知，因此领导层一般不插手，避免因自己的短视造成一些有效业务的流失，如微信。但对于这些业务以后的情况如何，需不需要上层加以控制，则会视业务的发展情况而定。

其实微信的创始人张小龙也是这一理念的最佳实践者。张小龙本人独爱《失控》一书，喜欢让产品自由自在地发展，任意创新。在张小龙掌管腾讯广州研发部时，曾经有一段时间，所有去广州研发部面试的人，如果提到自己读过《失控》这本书，就可以立即通过面试。

在微信开发过程中，张小龙也仅是对微信大体的框架做了一些限定，而对于其他具体的东西则主要交给团队成员和用户。如此一来，微信的很多产品反而变得既简单又实用。例如，微信“摇一摇”，虽然也有其他产品抄袭了微信的创意，但却超越不了微信的高度，因为它已经做到了最简单。再如，微信红包，微信也只是简单地界定了支付体验，而对于具体的玩法，都留给了用户，如微信的红包接龙等规则，都是用户自己设计出来的，微信不会去管。它的简单反而成了它最有效、最实用的武器。

要创新，就要允许适度浪费

关于创新的问题，马化腾曾对腾讯的员工说过："对一家企业而言，尤其是互联网企业，创新是必需的，那就要允许适度的浪费。为什么这样说呢？在某种情况下，可以用两个或三个团队去研发同一款产品，只要这个项目是公司战略上必须做的。"

很多人认为微信是成功的，的确，它也是继 QQ 之后最为成功的一款社交软件。但在开发之初，腾讯公司有几个团队同时在研发这个软件，每个团队的设计理念和行动方式都不一样，后来择优选取，微信果然在面市不久就得到了广大用户的认可。腾讯没有把这种方式看成是资源的浪费，毕竟没有竞争就意味着设计不出好的产品。即使有些团队失败，但是能够激发创新的灵感，可以解释为"内部试错"。所以并非所有的创新都是浪费，不经历失败就不会取得成功，不创造各种可能性就无法获得现实性。

以前，腾讯公司开发产品的思路是针对大多数用户，满足大部分用户的需求。但是，高端用户也是一个不容忽视的群体。也就是说，开发一款产品的时候，就要关注高端用户、意见领袖的需求。如果做不到这些，开发出来的产品只能令用户失望，这个时候再花财力和精力去改进，是得不偿失的。在高端用户使用了这个产品并觉得还不错后，他们会主动推荐朋友来使用。马化腾让腾讯员工记住的是：“每做一件事情，每加一个东西都要很慎重地考虑，真的是有建设性地去增加产品的功能性和实用性。”

腾讯公司在开发一款产品时，工作流程是这样的：在确定核心功能包括哪些方面后，其他功能都是后来逐步补上的，如图 4–2 所示。也就是说，一款产品在局部之处的创新要永不停止。作为一款很受用户欢迎的产品，想增加一个功能都必须考虑得清清楚楚，此功能可以给用户带来什么样的好感。每个功能未必用得多才是好，而是让用户觉得好才是真正的好。

图4–2　核心功能与其他功能

通过无数次技术创新，用户的需求也在不断提高。腾讯是一家为广大互联网用户提供服务的企业，是服务业就要不断地进行创新，因为用户对产品的体验是无法满足的。如果满足不了用户的需求，不能进行突破型创新，用户必然会离你而去。所以，腾讯从成立至今，一直以满足用户的需求为根本，大胆布局、推陈出新。QQ 自面市以来，先后推出过许多更新版本，每一次的推出都增加了一些新的服务和功能。曾有一个 QQ 用户在网络上盘点了 QQ 登录界面历年来每一次的更新，世界杯、奥运会、香港回归纪念版等，这些细微的变化承载了一代 QQ 用户的记忆。

当一款产品上线后，腾讯公司的员工并没有就此放任不管，而是通过用户的反馈进行改进，之后通过反馈再进行改进，公司的员工每一天都在各条产品线中反复改进产品。不同于传统行业，网络产品的反馈是非常快的，一款新产品刚开始上线，用不了几天就可以知道结果如何了，如果用户对这个产品没有兴趣，那这个产品的点击量是没有多少的。如果用户觉得这个产品还可以，但还存在一定的瑕疵，则可以通过用户的抱怨迅速捕捉到他们真正的需求。腾讯公司多年来一直贯彻着“10/100/1000 法则”，即每位产品经理 1 个月必须做 10 个用户调查，关注 100 个用户博客，收集反馈 1000 个用户体验。这个办法虽然有些笨，但很有用。

了解到用户的真正需求后，研发人员就开始了不辞劳苦的改进，先以一个不是很完美的方式做出回应，但是要在最短时间内完成，在部分用户中测试，如果引不起用户的兴趣，马上进行改善；如果用户有兴趣，可以在大部分用户中进行验证、继续完善。这种方法主要在于坚持，因为每一个刚上线的产品都存在一定的缺陷，如果每天坚持发现、改善一两个问题，一段时间之后，就会达到理想的效果。对于腾讯公司来说，大量的精力和财力都是用在后台的，而最好的产品，就是让用户忘记技术的存在。

对于用户各种各样的抱怨、各种各样的意见，产品研发人员一一对其进行筛选，再根据情况制订改善的方案，腾讯公司目前还没有完整可靠的标准，还在一步步探索中。在实际运作中，每个产品研发人员都有自己的经验、风格和对用户的敏感度，并没有一个统一的方法。但从用户终端来看，优秀的产品研发人员一般具有丰富的行业经验，他们对用户的需求具有很强的判断力，与用户的沟通特别畅快。例如，开发微信的人员，之前开发过 QQ 邮箱，在开发微信应用过程中，他们的很多经验都来源于对用户的准确认知和判断，这对于他们很快研发的微信起到了很大的作用。

在腾讯公司内部，产品研发时候的竞争是不可避免的。要避免这种方式的不良性，就要创造一种良好的竞争氛围。从腾讯多年的运营方式来看，以用户需求为原则的研发始终都在坚持，这已经形成了腾讯的特征。各个研发团队在进行竞争时，也保持着各自的规则。在研发过程中，各类产品线就像一个巨大的迷宫，只是每种产品研发的路径不一样，但最终的目的是相同的。大家都想为公司做出自己的贡献，团队之间也不会互相倾轧，而是相互比赛，探索最好的解决途径。

要创新，就要允许适度浪费。尽管优质的项目能够立刻看到利润的增长点在哪里，从而为下一步的创新提供保证，但是商业模式和盈利的产生是创新的自然结果，而非目标。在创新探索时期，无法看到将来的盈利点在什么地方。因此，企业对创新要有足够的耐心和宽容，如果只想成功不想失败，就会得到相反的结果，这就如同要求一个还在读一年级的小孩子去赚钱，那是他做不到的。腾讯把各个研发项目按级别进行划分，成熟的项目如同家里工作的大孩子，他已经赚钱了，可以用他赚到的钱来供读上中学和小学的“弟妹”——那些处于探索阶段的项目。读小学的，应以培育为主；读中学的，可以探索可行的成功模式；已经工作的需要将服务精益求精，赚到更多的利润后，去供养探索阶段的项目。

现在，腾讯公司从事产品研发的员工占到员工总数的80%左右。马化腾明确表示：“只要是对用户有益的探索，不管处于何种成熟度，都会鼓励和支持。”

从创新中心到腾讯研究院：研发是创新的重中之重

越是成功的企业，越具有危机感。比尔·盖茨曾说：“微软离破产永远只有18个月”；张瑞敏说：“每天的心情都是如履薄冰，如临深渊”；李彦宏说：“百度距离破产只有30天”“把握不好，百度很快就会走下坡路”；任正非说：“华为离破产只有180天”。华为的危机以及萎缩、破产是一定会到来的。马化腾也有这样的危机感，他说：“现在的腾讯只有‘半条命’。”他认为创新是一条孤独之路，只有最笨的办法才能最快跑完全程。

谁也无法否认的是，IT行业的竞争较传统行业更加残酷，巨无霸型企业在一夜之间倒闭是很常见的事情，甚至是那些大型企业的概率可能更高。马化腾一再告诫自己：人要清醒，外面掌声最响的时候，往往是最危险的时候；转型要快，要坚决，要反对和避免恶性竞争。或许基于此，2007 年 10 月 15 日，腾讯公司投资超亿元在北京、上海和深圳三地设立了中国互联网的首家研究院——腾讯研究院，进行互联网核心基础技术的自主研发。这是腾讯公司设立的社会科学研究机构，旨在依托腾讯公司多元的产品、丰富的案例和海量的数据，围绕产业发展的焦点问题，通过开放合作的研究平台，汇集各界智慧，共同推动互联网产业健康、有序发展。研究院下设法律研究中心、产业与经济研究中心、社会研究中心、犯罪研究中心、安全研究中心、专利与创新研究中心、"互联网 +"创新中心，并设有博士后科研工作站。

围绕互联网法律、公共政策、互联网经济、大数据等研究方向，腾讯研究院与国内外研究机构、智库开展多元化合作，不断推出面向互联网产业的数据和报告，为学术研究、产业发展和政策制定提供有力的研究支持。腾讯研究院设有智能计算、中文处理、多媒体、网络、数据分析五个基础研究室及无线和桌面两个技术中心，成功推出了 QQ 影音、QQ 拼音、QQ 旋风、TT 浏览器、QQ 软件管理、QQ 浏览器（手机版）、QQ 手机桌面、QQ for iPhone、QQ for Linux、MID QQ 等多款产品，赢得了业界的好评和用户口碑。同时，研究院致力于研究的音视频压缩、多媒体通信、图像处理、分词等核心技术还广泛应用于腾讯公司的 QQ 超级视频 / 语音、QQGame 视频游戏、SOSO、问问等多项产品中。

腾讯从 QQ 开始，到现在拥有无数的产品，而用户的需求和体验始终是重中之重。未来，“互联网+”生态将构建在万物互联的基础之上。这不是打破一切的断裂式变革，而是无声无息的渐进式变迁。从这个层面来说，马化腾把它理解为工业发展与进化中的“第四种力量”。以前，机械代替人力、电力及各种科学技术的出现，共同促进了社会组织与生产中各个节点的生成，“互联网+”会把上述节点连接起来，一个个孤立的单元将形成互联互通的立体网络。例如，腾讯凭借强大的社交平台能够帮助政府把政务民生从线下转移到线上，提升医疗、医保、校园、生活缴费、老龄服务和公益慈善等领域的服务水平。

为了跟上时代的步伐，腾讯自2010年起就对内部组织架构进行彻底的调整，同时还重新梳理了业务，改变了业务战略：搜索整合进搜狗，电商整合进京东，团购整合进大众点评，并投资了这三家公司。此外，砍掉诸多小业务，同时大量投资腾讯生态周边的合作伙伴。经过重新构建，腾讯的战略定位更加准确，也更聚焦于最擅长的社交、内容平台。

腾讯除了QQ和微信强大的平台，还有腾讯云、云计算及众创空间等创新全要素孵化平台。从这一系列情况来看，这种战略颇具成效。截至2014年年底，腾讯开放平台上已有500万创业者，创业公司总估值超过2000亿元。而在2011年，腾讯市值也不过这个数而已，这相当于再造了一个腾讯。2015年，腾讯开始实施“双百计划”，即投入100亿元的流量和其他扶持资源，打造100家市值过亿美元的企业，会增强中小型互联网企业的产业辐射力。

马化腾喜欢用“半条命”来概括现在的腾讯。过去，腾讯存在很多疑虑和缺乏安全感，出于本能所有业务都由公司掌管。而现在，腾讯则是“半条命”，另外“半条命”交给了合作伙伴。

有时候，受用户喜欢的产品并不需要多么高明的设计，而那些自我感觉良好的人往往会画蛇添足来研发一些体现自己高明，但用户不认可的产品，这就把时间和精力用错了地方。在工作中，有些设计者根本不明白产品和业务的调研期是特别重要的。腾讯打造研究院的例子已经证明，企业要想在业内领先，就要创造精品。

第五章 扩张：腾讯的多元化战略

腾讯首页迷你版：进军门户网站

马化腾曾在不同场合多次自嘲，说自己既没有某位互联网大佬那么优秀的口才，更没有另一位大佬那么帅气。但他被互联网界同行们认定：腾讯不是草根创业样本，始终“贪得无厌”。马化腾认为自己“堪比窦娥还冤”，“大家谁也没有停下来，都在忙着多圈些地，别人圈的都是早已完工的，甚至是经过精装修的楼，拿一条被子可以搬进去直接住，连柴米油盐都不用买了。腾讯圈到的却是兔子不拉屎的地方，荒山野岭的，只能自己一铲一铲地铲沙、挖土，去建造自己的楼。天天累得筋疲力尽，还不知道楼能不能建成。”

那些认定马化腾根本不是“草根创业”的同行们列举了许多理由，其中一条是他创业之初，担任公司要害部门之职的父亲是开豪车前来给儿子做会计的。另一条是在腾讯成长史上，成立初期遇到过资金困难，在其获得第一笔融资后就开始实施多元化战略，利用无线增值服务获得盈利，进而依靠互联网增值服务一步步壮大起来，从而有了进军门户网站的资本。

之前就有传言说腾讯想成立门户网站，后来猜想终于变成现实。2003年11月20日，腾讯推出娱乐型门户网站 www.qq.com，让广大网民选择，是用新浪还是用腾讯。

互联网界某权威人士说，腾讯进门户网站，在很大程度上是受到2003年“门户年”的刺激。自2002年8月起，国内四大门户网站搜狐、新浪、网易、TOM先后宣布盈利。尽管盈利有多有少，但门户网站之前的疯狂烧钱行为终于有了修成正果的迹象，这位权威人士说：“新浪等门户网站的盈利表现，说明这种商业化模式正在慢慢走向成熟。2003年是门户网站实现盈利和大发展的一年。”

这让始终致力于经营QQ的腾讯兴奋不已。虽然腾讯在QQ方面因把握住了先机而收益巨大，但要想获得互联网半壁江山，犹如登天，它没有一个内容丰富的共享平台。

要想在互联网界获得长足的发展，门户网站是首选，因为它具备多种盈利途径。短信、游戏、新闻等方面的前景越来越大，能够带来大量的广告，是门户网站获利的主要业务。而想实现这一切，必须有一个门户网站。腾讯的主要业务仅仅是QQ而已，太单一，被其他门户网站挤垮的可能性比较大。

同时，许多互联网同行认为，门户网站的数量远未满足广大用户的需求。尽管新浪网在大量用户中已经占据一定的优势地位，影响力非同小可，超过其他网站无数倍，但盈利与资源拥有还有很大的上升空间，这说明，一家综合性的门户网站具有巨大的发展潜力和空间。

但是，许多同行对腾讯进军门户网站的行为持怀疑态度。他们一致认为，在中国门户网站格局和用户登录习惯慢慢稳定的前提下，马化腾的腾讯 QQ.com 要想成功是很难的。

前些年，中国突然出现许多综合门户网站，哪家都想成为互联网界的第一门户网站，结果都没有撼动新浪、搜狐、网易三大门户网站的优势地位，纷纷铩羽而归。综合分析，在新兴的互联网行业中，先人一步与占据一定位置很重要。先人一步成功登顶后，后来者很难突破。原因有三：第一，互联网有先到先得趋势，后来者很难超越新浪等各大门户网站。第二，风投的背后支持及自身上市，使得那些早已成功的门户网站资金雄厚。第三，业务单一的网站并不受风投者的青睐，如果再拉不到广告来支持，后来者就无法继续支撑下去。

马化腾没有把权威人士的忠告、同行们的担心当一回事，腾讯依然一如既往地攻城略地，先后开通全国 12 个省市。腾讯门户网站普及上线时间地区排名如表 5–1 所示。

表5–1　腾讯门户网站普及上线时间地区排名

上线时间	门户网站普及地区
2006年5月	腾讯与重庆日报报业集团联合打造的第一个区域门户网站腾讯大渝网上线
2006年6月	腾讯陕西区域门户网站腾讯大秦网上线，是陕西最重要的本地门户网站之一
2007年10月	腾讯四川区域门户网站腾讯大成网上线，已成为四川主流影响力的媒体代表之一
2008年7月	腾讯与湖北日报报业集团联合打造的湖北区域门户网站腾讯大楚网上线

续表

上线时间	门户网站普及地区
2010年8月	腾讯福建区域门户网站腾讯大闽网上线，时仅半年已确立本土媒体领先
2011年8月18日	腾讯广东区域门户网站腾讯大粤网上线
2011年8月25日	腾讯河南区域门户网站腾讯大豫网上线
2012年7月16日	由中南传媒暨《潇湘晨报》与腾讯联合创办的湖南腾讯门户网站大湘网上线
2012年7月18日	腾讯上海区域门户网站腾讯大申网上线
2012年11月30日	腾讯大浙网正式上线，浙江都市网是由新华社浙江分社、中新社浙江分社联合打造的浙江地域性门户网站
2013年8月28日	腾讯大苏网正式上线发布
2013年12月14日	腾讯大辽网正式上线发布

这一行动为腾讯带来了丰厚的收益，仅2010年第一季度财报显示，其网络广告业务收入为2990万美元，已远远超过网易的1340万美元，稳坐门户网站的第三把交椅。

某门户网站的总编以笔名在网上发帖子，指责马化腾贪得无厌，不管哪个领域都想进入，什么产品都想做，这样继续下去的话，就会成为互联网界的公敌。此帖子被大家争相转载。这就是马化腾的腾讯，中国三大互联网企业之一，一家世界绝无仅有的互联网企业，哪个领域都想涉足、哪个业务都想尝试的无所不作的企业。它总是认认真真地布局、无声无息地突然出现在你的面前；它总是在最恰当的时间推出属于自己的模仿产品，让同行们胆战心惊。等时机一到，它就会毫不客气地切走别人的一块大蛋糕，有时它甚至会把别人逼到灭绝的境地，从而称霸整个互联网。

网络游戏：打造腾讯新驱动

还有哪个领域是腾讯没有涉足的吗？某团购网创始人提起腾讯便恨得咬牙切齿。的确，自从腾讯 QQ 团购网于 2010 年 7 月 9 日上线以来，就让这位团购网创始人惊恐不已，如坐针毡。从海外归来直到 2010 年，这位团购网创始人先后创办了 4 家团购网站，而其中最火的一个被他视为“掌中宝”——这个团购网站曾给他带来了相当可观的利润。这家于 2010 年 3 月上线的团购网是当时国内第一家网站，刚成立不到半年，就做出了出色的业绩。然而令这位创始人想不到的是，处于无声无息状态的腾讯突然杀了出来，令他猝然惊慌，同时令刚刚上线的数百家团购网站创始人如惊弓之鸟。

谁也猜不到，这只“小企鹅”到底是猎食者还是毁灭者。大家暗自祈祷千万别被马化腾盯上。当然，这位团购创始人应该早就想到会有这么一天。自己翻看中国互联网发展历史，就可以知道答案：腾讯从来没有缺席过任何一次互联网盛宴。其在一开始就默默无闻地跟随，之后模仿，接下来就是毫不留情地超越。例如，在网络游戏方面，就是一个有力的例证。

联众创始人鲍岳桥说：“自 QQ 游戏开始运行那天起，联众的失败就注定了。”几年后，在一次朋友聚会上，谈起当年腾讯对联众的围剿，他仍然无法忘记当初的情景，一幕幕仿佛就发生在昨天，让鲍岳桥记忆犹新。

联众开始进入网络游戏领域，在中国可算得上是第一家，曾经占有在线网络游戏市场近90%的份额，当那些门户网站亏得叫苦连天的时候，联众是第一家实现盈利的互联网公司，一时被行业人士传为佳话。

好景不长，到了2003年8月，情况出现大逆转：腾讯的QQ游戏正式上线。通过认真比对，鲍岳桥发现QQ游戏完完全全是联众游戏的“克隆版”。愤怒之余，遂意识到马化腾把一颗威力巨大的定时炸弹埋在了自己的身边。鲍岳桥知道，光凭愤怒是解决不了问题的，而且长此下去，联众肯定不是腾讯的对手，因为腾讯拥有数千万的忠实粉丝，寻求合作是最为明智的选择，于是他来到深圳，想约见马化腾和时任腾讯公司首席运营官曾李青，但遭到了毫不留情的拒绝。鲍岳桥说：“现在看来，自己当时太单纯了。与大型的网游不同，此类网络游戏在设计方面尤其简单，几乎没有什么技术可言，用户又与QQ用户高度重合，腾讯很容易模仿。”

不到一年的时间，QQ游戏彻底打败联众游戏，稳稳地坐上了中国第一网络游戏门户的宝座。此后，联众的业绩迅速下滑，在经过出售、转型的一系列坎坷之后，联众在中国网络游戏市场渐渐失去唯一的生存之地。

马化腾习惯于从模仿开始，然后进入创新的快车道。腾讯进军网络游戏的第一站是代理韩国一款名为《凯旋》的游戏，在获得成功之后，马化腾接下来就是对其进行创新。马化腾认为代理虽然简单，但也有其缺点，因此理性的做法就是在代理与研发之间寻找一个平衡点。在他看来，代理是可遇不可求的，存在很大的不确定性。陈天桥玩游戏玩到发家靠的是运气，如果运气不好代理的游戏打不开市场，就有可能血本无归。

而研发不存在这些问题，只要时间有保证，项目就有可能完成。“代理很容易受到外部环境的影响，对于一个想要长期发展的企业来说，这是很危险的，所以我们还是要开始自主研发。”因此，腾讯公司开始投资研发一款大型网络游戏《QQ 幻想》，一方面投入重金，另一方面大量投入人力资源。马化腾把这款游戏定位为“社区型”网络游戏。他认为社区型网络游戏具有两个特点：第一，具有丰富的社区形态，有丰富的沟通和互动手段，它也鼓励用户在网游中进行沟通，更加倡导社区文化，这和以前非常火爆的 PK 类游戏有着显著的不同。第二，“社区型”网络游戏是随着大家的需求而发展起来的。

马化腾曾得意地宣称：“只有自主研发和自主运营的产品才能满足这些丰富的需求。”“我们拥有一支非常强大的研发团队，公司非常重视他们，这不仅仅是因为他们对这款游戏有着卓越的贡献，公司更看重的是他们在明年或后年所带来的业绩。”腾讯公司做任何一种投资时都希望达到两种目的：一是做好产品，二是打造出一支优秀的研发团队，为今后的自主研发打下坚实的基础，“我们考虑更远的、长久的发展”。

QQ 游戏推出以后，佳绩连连。2009 年 6 月，腾讯又借助 QQ 游戏平台，在用户数和收益上超过盛大，成为中国网络游戏领域的第一名。腾讯 2017 年上半年的财报显示，腾讯个人电脑客户端游戏收入 136 亿元，同比增长 29%，智能手机游戏收入 148 亿元，同比增长 54%。

对联众而言，腾讯就是自己的毁灭者。2007 年年初，鲍岳桥离开了业绩日日下滑的联众，成为一名天使投资者。他曾对身边的朋友说，自己做投资的原则之一就是：在互联网行业内，只要是腾讯不会做、不能做的项目，他就投资。多年来，鲍岳桥视“游戏”两个字为“洪水猛兽”，决不沾染，已经投资的项目都与马化腾八竿子打不着。

腾讯打败联众之后，并没有就此罢休，而是又瞄准了新的目标，这就是素有“站长之王”之称的蔡文胜，他的4399小游戏可谓风头正劲。“不怕腾讯横插一杠子，其实说这话时心里是没有底气的。”蔡文胜在网络上发表了自己的担心，发表这番话的主要原因是腾讯公司的小游戏3366开始上线。

在此之前，即2004年蔡文胜收购了4399小游戏，利用一些独特的经营方式和管理运营手段，4399小游戏月营收已达3000万～5000万元，并准备在国内A股上市。腾讯刚刚推出的3366小游戏，在游戏种类和网站设计上与4399小游戏非常相似。

并且，这只“小企鹅”更加所向披靡。从2010年7月1日开始，QQ用户发现弹窗不时弹出对这一游戏的推广信息，3366小游戏同时在线人数已突破10万人。不管是哪一个领域，只要有丝毫发展前途，腾讯就不会放弃一切进攻的机会。除了某团购网站、4399小游戏外马化腾还“悄悄地进村，打枪的不要”，切了另一个人的蛋糕，那就是奇虎360创始人周鸿祎。

时间倒退至2010年5月，当杀毒领域360与金山两个创始人的一场口水战正打得不可开交之时，腾讯躲在暗处，悄悄地推出了QQ医生3.3升级版。没几天，人们就发现这个原来仅仅用来查杀QQ盗号木马的防护软件已经囊括云查杀木马、系统漏洞修补、实时防护、清理插件等多项安全防护功能，并且拥有免费6个月的诺顿杀毒。

之前，360 创始人周鸿祎不止一次说“腾讯创始人马化腾在产品的开发上的确值得大家学习”，并且还预言，腾讯绝不可能成为 360 的竞争对手，原因是“腾讯算一家娱乐性互联网企业，关于安全问题，应该交给那些专业的企业去处理”。

很明显，周鸿祎吃了马化腾重重的一棒。

与 360 相比，那些刚刚涉足互联网行业的开拓者更加忐忑不安，在腾讯还未决定吃互联网领域那块蛋糕之前，他们总是担心腾讯突然间就把灾难加到自己头上。例如，一家致力于音频播放的企业创始人，就有这种危机感。自从 2008 年 9 月腾讯发布了本地播放软件 QQ 影音第一个测试版，这位音频创始人就没睡过一天安稳觉。由于 QQ 影音是一款无广告、无插件播放软件，使这家音频企业危在旦夕。

在各大音频网站为版权打官司，忙得无暇顾及其他之时，有人曾悄悄地告诫大家：不管大家此时打得多么激烈，等到时机成熟得将要收获的时候，就该轮到腾讯来出手了。事实就是这样，马化腾的戏台早就搭好了，看你能有多少本事，论技术还是论财力，中国所有的互联网企业，哪一家比腾讯更财大气粗？

不过，从 2018 年开始，由于游戏让腾讯背负上种种骂名，腾讯也在悄悄摆正自己与游戏之间的关系。腾讯由此进入“后游戏”时代，最明显的体现就是腾讯游戏在腾讯总体营收的占比出现大幅下降。同时，腾讯正在探索的短视频、直播等方面则成了新的收入增长点。也许未来，腾讯能使外界对于腾讯游戏的看法有所改变，戴在它头上的那顶帽子也能渐渐摘去了。

QQ 邮箱：切下邮箱领域的一块蛋糕

丁磊做电子邮箱成功之后，引起其他互联网企业极大的兴趣，一时间各类电子邮箱纷纷出世。但是，到了 2001 年，一直在亏钱却不见收益的邮箱，进入了严酷的冬天。在电子邮箱的冬天里，许多互联网企业为了度过这个时期，纷纷推出邮箱收费的业务。

例如，网易提供 10M 和 25M 两种规格的邮箱，邮件附件最大可以达到 8M 的量，每年收费分别为 50 元和 120 元两种；亿唐公司以 20M 为一个单位，每年收费为 80 元；21 世纪提供 21M 空间，最大附件量为 6M，每月收费 20 元；263.net 则一次性推出 6 款收费邮箱，其中价格最高的是钻石级邮箱，一次性购买是 588 元，其他邮箱都是每月 15 元；新浪提供的邮箱最小为 10M，最大为 50M，收费在 100～300 元。当时有人感叹："这一波电子邮箱收费潮，不知道要将中国互联网行业带到哪里去。"

就在新浪等网站高调推出收费邮箱的时候，搜狐公司却反其道而行之，推出了免费邮箱。搜狐公司在北京举行了新闻发布会，宣称推出全部免费的电子邮箱搜狐闪电邮。次日，搜狐网站在网页的显要位置推出了题为《搜狐邮件安全出炉，网民可以安全享受免费大餐》的文章，声称免费电子邮箱是广大网民的迫切需求，也是互联网不可或缺的基础服务，更是对于其拥有的千万网民的真实回馈。值得提醒的是，搜狐公司推出免费电子邮箱的时间点非常巧，是在新浪公司推出收费电子邮箱并发布新闻的第二天，外界人都明白，搜狐这是表明了和新浪叫板。之前，在电子邮箱收费方面炒得热火朝天的时候，搜狐公司没有什么动静，如今，搜狐公司终于凶悍出手了。张朝阳看准了其他互联网企业都在忙着收费的大好时机，用免费邮箱来攻城略地，准备扩充搜狐邮箱的市场占有率。通过搜狐公司的这番折腾，其他想收费的电子邮箱也无法正常进行下去了，但几家互联网公司间的战争并未因此而停息。

当搜狐、新浪、网易三家互联网企业为电子邮箱跑马圈地忙得不亦乐乎的时候，腾讯这只“小企鹅”却躲在暗处静静地观看事情的发展态势。

尽管这只“小企鹅”静静地站在那里一动不动，但并不代表它不作为。2003 年 5 月，QQ 邮箱终于出世。的确，以模仿著名的马化腾怎么会错失这个大好机会呢？但是，马化腾太急于抢占电子邮箱这个市场份额了，尽管注册的用户大有人在，由于竞争太残酷，大家都在“烧钱”，根本看不到利润在哪儿。再加上技术不到位，使用不方便，第一代 QQ 邮箱问世不久就失败了。

虽然第一代 QQ 邮箱失败了，但马化腾是一个永不言败的人，这也表明腾讯是不会放弃电子邮箱这个项目的。

一年半后，马化腾看到 Foxmail 竟然拥有 500 多万用户，大为惊奇。经过了解，得知这是一家位于广州的公司，老板就是张小龙。他是毕业于华中理工大学的高才生，一直在广州从事软件开发工作，Foxmail 这款电子邮件软件就是在他的带领下开发出来的。当时，这是中国唯一一款可以与微软的 Outlook 相抗衡的软件。

这让马化腾眼前一亮，并立刻决定投资收购这家前途光明的公司，经过多次商讨，腾讯最后以 500 万美元的价格收购了张小龙的公司，连同他的 20 多名员工全部来到腾讯公司。多年后，当马化腾谈起当初收购张小龙公司时，说了这样一句话："我看中的就是 Foxmail 有着无可限量的发展前景。"

其实，马化腾之所以愿意以 500 万美元的价格收购 Foxmail，其深层的含义是：QQ 用户在国内已经拥有相当多用户，收购 Foxmail 后可以让 QQ 如虎添翼。并且，可以利用 Foxmail 把广大的 QQ 用户资源及 Foxmail 的用户资源转化为利润，为向其他相关领域发展打下坚实的基础。

当年，网易看到了 Hotmail 所蕴含的巨大商机，想以 10 万美元的价格对其进行收购，没想到对方的答复是不卖。后来，对方又答应以 280 万美元的价格出售，附加条件是收取每小时 2000 万美元的安装费用，网易当然不答应，最后不了了之。你不卖也无所谓，研究一下总可以吧，网易于是开始研究 Hotmail。其实，Hotmail 也不是如爱因斯坦造原子弹那么高级，一段时间下来，网易就搞清楚了 Hotmail 的设计原理，并很快开发出一种类似产品，这就是 163.com。正当网易全公司上下为此欢呼雀跃的时候，一盆凉水浇到头上：微软以 3.5 亿美元的价格收购了 Hotmail。尽管如此，163.com 仍然以每天 2000 万注册用户的增长率发展着。

马化腾致力于 QQ 邮箱的开发，或许是受网易的诱惑。

有人说，马化腾收购 Foxmail，就像微软收购 Hotmail 一样，意思是说，腾讯这样高调行事，目的在于与微软对抗，因为微软有 Hotmail 邮箱，而腾讯却什么也没有，这就是让 Hotmail 邮箱成为大家争相使用的工具，简单地来说，微软的 MSN 对 QQ 构成了巨大的潜在威胁。当有人说马化腾会用 Foxmail 对抗微软的 Hotmail 时，马化腾很淡定地说："现在还谈不上这个程度。"马化腾认为，自己比较看中的是 Foxmail 拥有 500 万量级的用户，而且这些用户不是"小白"，都是一些比较高端的商务人士。Foxmail 拥有这样的商务人士用户，这对腾讯而言是最为关键的。

马化腾收购张小龙的 Foxmail 及研发团队后，就开始精心对 QQ 邮箱进行改造。腾讯把 QQ 邮箱与 QQ 账号捆绑，一个 QQ 账号对应一个 QQ 邮箱，使得每一个 QQ 注册用户都自动地注册了一个 QQ 邮箱，这样一来，QQ 邮箱很快得到了大家的认可。而当时注册 QQ 的用户多数是年轻人，他们有了 QQ 账号后，自然而然地就会注册一个 QQ 邮箱，市场就是这样培育出来的。使用者纷纷表示，不管是 QQ 邮箱的功能还是应用方面，都是他们使用过的腾讯最优秀的产品，不仅免费使用，还有超大附件传输功能，使用非常便利。

当然，QQ 邮箱也不是那么尽善尽美的通信工具，它也有一些让人不愉快的设计。例如，它与 QQ 账号捆绑在一起，致使 QQ 邮箱像一个没有大门的房子，人们可以随时进去看看，一旦有喜欢的东西就顺手拿走。许多用户的 QQ 账号被盗，QQ 邮箱里面的信息也随之丢失，存在极大的不安全隐患。尽管如此，大批商务人士还是先后加入 QQ 邮箱家族，使 QQ 邮箱越来越受欢迎，并逐渐打败了其他公司的邮箱软件。

QQ 钱包：入主移动支付 O2O

随着移动互联网时代的到来，用户的支付场景已经发生了显著变化，在第三方移动支付市场上，业务形态正在逐渐地由单纯支付向互联网金融消费等方面发生转变。这一点，已经成为很多人的共识，虽然在这一领域，支付宝的地位根深蒂固，但腾讯并不愿意将这块蛋糕拱手让人。

从 QQ 的角度来看，QQ 拥有 8 亿多用户，其中仅手机 QQ 用户就超过 6 亿，腾讯手握如此庞大的一个社交平台入口，如果打造一个连接器，将 8 亿多用户与时下流行的 O2O 服务连接起来，腾讯绝对有理由和支付宝一争高低。

基于此种思路，腾讯于 2014 年年初正式上线运营 QQ 钱包，虽然上线时间比较晚，但其发展势头依然咄咄逼人。

腾讯 QQ 钱包负责人郑浩剑曾表示："我们把支付做成连接器，就变成社交平台和各个行业结合、服务的后端，每个用户完成一次支付之后我们希望它作为连接器就把这个用户和商家，和 QQ 平台建立一个连接关系。"

郑浩剑认为，QQ 钱包是在以开放的形态支持移动支付的 O2O 战略，其发力点主要表现在五个方面：满足虚拟业务支付需求、满足移动端支付需求、支持社交支付、线上第三方支付和拓展线下合作。

QQ 钱包采用卡包的形式，方便用户管理自己的 Q 币、财付通账号和银行卡，同时它也沿用财付通体系，用于财付通支付和银行卡支付的密码使用。

过去，腾讯强调闭环发展，现在腾讯更注重“互联网 +”，为的就是发挥腾讯在海量用户管理和云服务能力、社交关系链、大数据等能力的基础上，通过持续打造面向“互联网 +”的工具包和接口把越来越多的互联网能力开放出来，实现产业共赢。因此，QQ 钱包将商场、超市、加油站等作为合作的首选目标。

2015 年 7 月，中石油宣布与 QQ 钱包展开合作。另外，在商超便利店等方面，先后有多家零售连锁企业与 QQ 钱包达成了合作意向，如 7–11、全家便利店等。QQ 钱包和微信支付一起，正在成为腾讯开拓移动支付 O2O 市场的双轮驱动，快速高效地把支付带入了线下的支付场景之中。

但从用户的使用情况来看，QQ 钱包似乎更受学生群体的青睐。2017 年 9 月，某地一家热门的学生用品超市记录，在当月下旬消费的顾客中，有 63% 的顾客选择了用 QQ 钱包支付，绝大部分是学生群体。而在某些学校，QQ 钱包甚至取代了校内卡，成为校园内的主流支付工具，如图 5–1 所示。

图5–1　QQ钱包

从我国的网民结构来看，学生群体现在已多属于“95后”一代。相比较而言，他们更愿意为虚拟商品和服务付费，因此，他们会更多地考虑支付功能之外的精神商品属性。在这一点上，QQ钱包做得很足。例如，QQ钱包就有一项较为创新的玩法“句有料”。用户在对好友开启这项功能时，对方要发来的每条信息至少需要支付一分钱，这样的设计当然深受年轻消费者的欢迎。而且，使用QQ钱包结账时，只需选择好友的头像，点击“代付”就可以发出请求，对方收到后点击确认便能代付，不再有转账这类烦琐的程序。

其实说到底，QQ钱包的这两项功能也是建立在社交基础之上的，它为人们传达了信任、帮助的信号，而这正是时下年轻一代追逐的心理状态，腾讯通过这种简单直接的方式满足了他们的需求。

从某种程度上来说，QQ钱包突破了单纯的O2O支付模式，更多地将人性这一角度融入产品的设计之中，这是一种大胆的尝试，但也正因如此，QQ钱包才在激烈的市场竞争中站稳了脚跟，成为能与支付宝分庭抗礼的重要一员。

QQ空间：最受欢迎的社区平台

2005年，腾讯公司想为用户们提供一个专属于自己的个性化网络家园，于是QQ空间诞生了，如图5-2所示，这个具有博客功能的空间分为主页、说说、日志、音乐盒、相册、个人档案、个人中心、分享、好友秀、好友来访、投票、城市达人、秀世界、视频、游戏等，在 QQ 空间上可以书写日志、写说说、上传用户个人图片、听音乐、写心情，通过多种方式展现自己。除此之外，用户还可以根据个人喜好设定空间背景、小挂件等，从而使每个 QQ 空间都有自己的特色。当然，QQ 空间还为精通网页的用户提供了高级功能：可以通过编写各种各样的代码来打造个人主页。

之后，腾讯公司又对 QQ 空间进行过多次升级和改版，如表 5-2 所示 。

图5-2　QQ空间

表5-2　QQ空间经过多次升级和改版

发布时间	发布的版本
2005年4月	QQ空间1.0内测版首次发布，获得英雄帖即可参加内测
2005年6月	QQ空间2.0正式对外发布，“圈地为王、我有我空间”让众多网民记忆犹新
2006年4月	QQ空间3.0发布，完成全面架构、性能优化
2006年7月	手机QQ空间1.0精简版测试发布，首次叩响移动互联网的大门
2007年6月	QQ空间4.0发布，空间从此进入快速、崭新的全屏时代
2007年7月	QQ空间日志新版文本编辑器发布，支持动画、音频等多媒体内容
2007年9月	信息中心及好友圈发布，为后续向SNS社区转型奠定基础

续表

发布时间	发布的版本
2007年11月	动感影集发布
2009年1月	QQ校友正式发布，认识新朋友、找到老同学
2009年2月	好友相册发布
2009年5月	照片排序、个性相册、幻灯片功能发布
2009年6月	QQ空间首个外部应用“豆瓣读书”发布
2009年7月	QQ农场应用正式发布；QQ空间与QQ个人资料启动整合
2009年9月	分享应用发布、照片编辑器、照片转载功能发布；心情2.0发布
2009年10月	QQ牧场公测版发布，用户可以通过邀请等方式进入；手机QQ空间2.0正式版发布
2009年11月	个人中心2.0发布；相册基础容量放大至500M
2010年5月19日	QQ空间心情更名为“说说”，新增添加图片、分享视频和网址、好友对话功能
2010年5月20日	QQ空间相册查看方式更新——开通照片墙
2010年5月21日	QQ空间推出了徽章系统
2011年5月24日	QQ空间发布了一个“QQ空间从心开始——全新 Qzone6.0屏息静待”主题网页。在网页中，大家可以得到的信息是，QQ空间即将迎来大改版更新，即将进入第六代QQ空间（QQ空间已经满6周岁了）
2012年3月	QQ空间推出《红警大战》《QQ水浒》
2013年4月	QQ空间水印相机上线，让用户拍摄照片、上传照片变成一个有趣的过程
2015年5月	QQ空间推出微云备份，用户可以将空间照片备份到云端，使得照片不容易丢失
2017年1月	QQ空间新增秘密功能，可以匿名写秘密发布到空间
2017年10月	QQ空间说说新增展示《王者荣耀》段位的功能，段位信息会根据用户游戏内数据进行更新
2018年8月	QQ空间手机版新增认证空间，用户可以自主添加成为认证空间的粉丝，粉丝可以及时关注到自己喜爱品牌、机构、媒体或名人的最新动态

其中，认证空间是一个拥有更多专属功能的腾讯专页。它是经过腾讯官方认证的，致力于为知名品牌、机构、电子商务、应用商、网站媒体、名人等推出，拥有专属功能的腾讯专页（Tencent Page）。

用户可以随心所欲地添加成为认证空间的好友，之后认证空间的相关更新都会在用户好友的个人中心出现，好友可以及时关注到所喜爱的品牌、机构、媒体或名人的最新动态；通过认证空间，品牌、机构、媒体、名人除了进行形象展示、动态更新，还可以发起各种活动，与目标用户保持持续、顺畅的互动交流。

认证空间与普通空间有哪些区别呢？认证空间的版本比普通空间的更高级，它增添了许多功能和模块，有一个版本，最显著的特点是“我喜欢”的海量粉丝功能。当有人点击“我喜欢”成为用户的粉丝后，用户空间的更新内容就会在粉丝的个人中心展现。

申请认证空间其实是很简单的，只要是知名品牌、企业机构、媒体或名人都可以申请，同时，普通空间也有部分申请名额，但有一些必要条件必须达到，这就是申请者必须是所在领域的出类拔萃之人。

现在，QQ 空间已经成为中国广受网友欢迎的社区平台之一。不仅可以通过手机随时记录和分享生活工作中的点点滴滴，了解一下好友最近在忙些什么，还可以玩转各种游戏，如《QQ 水浒》《QQ 七雄争霸》《神仙劫》等。同时，QQ 空间 for Android 还能够结合 Android 特点和使用场景，不断自动优化更新，让用户轻轻松松和好友保持联系，如图 5–3 所示。

图5-3 QQ空间好友动态界面

随着移动互联网的快速发展和移动终端的普及，不仅年轻人，即使中老年人也在利用手机拍照、上传和分享照片，这已成为一种生活方式。QQ空间相册公布的拍摄工具调查中显示，在QQ空间相册的用户中，有一半以上的用户使用手机拍照，单反相机和普通数码相机已经很少有人使用了，如图5-4所示。

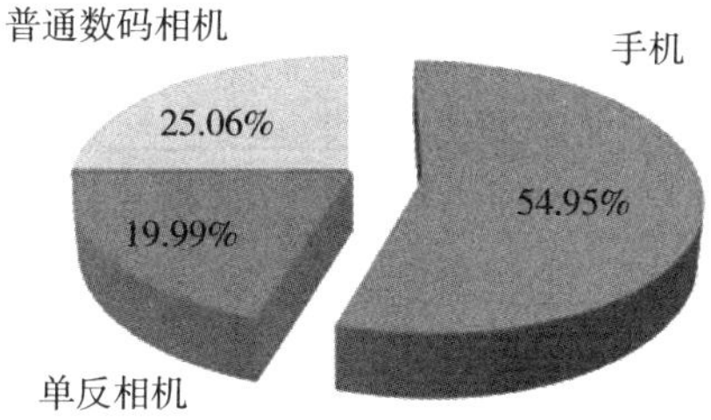

图5-4 QQ空间相册用户拍摄工具统计

为了充分满足广大用户的需求，腾讯公司的开发人员在QQ空间相册服务方面花费了大量的心血和精力。不管用户使用的是哪个版本的手机，全部都有触屏放大缩小、自动播放和添加 QQ 空间水印等特色功能。

随着用户量的不断增加，腾讯公司为了满足用户的个性化需求，促进性能和速度的优化，以赢得更多用户，开始了全面的架构优化，又启动浏览器模式，及时推出欢迎动画、个性导航等更具视觉冲击的个性化特性。新产品没有让广大用户失望，QQ 空间在速度、性能上进一步提升，同时可以更好地支持各项新功能的推出，平台健康性和扩展性都得到了一定提升。

SNS 社区经过改造之后，QQ 空间在应用方面和用户体验方面全面出击，手机 QQ 空间 2.0 和个人中心 2.0 先后发布，基础相册容量不断增大……

现在，QQ 空间已经陪 QQ 用户走过了十几个年头，它已经不再是 QQ 用户的一个博客那么简单，而是变成了 QQ 用户的一个分享自己心情和朋友交流的理想社交场所。QQ 空间，成为集多种功能于一身的多媒体博客。

QQ 输入法：腾讯的新领地

在长期的发展历程中，腾讯总能在成熟的领域中找到市场，让竞争对手们感到战战兢兢。

腾讯讲究的是“跟随战略”，这种战略的好处之一就是能减少公司犯错的机会。现在的互联网市场变化太新太快，几个月的时间就会冒出很多新事物，要判断热点就不能仅仅凭借自己的主观意识，那样只会导致出错的概率增大。相比之下，公司却可以观察“先行者”哪些做得好，哪些做得不好，然后再改进。

腾讯就是如此。从 QQ 开始到微信，腾讯总是后来者居上，这一度让很多竞争对手厌烦和质疑。

但是腾讯并非只是模仿和借鉴，而是在跟随别人的基础上进行了创新优化，这也是行业里谈得最多的“微创新”概念。

事实上，“谋定而后动”的前提是不能一味地模仿，更重要的是在模仿的基础上创新。正如狄恩·卡曼所言，顾客买的不是发明或技术，而是能解决问题的创新。

“所以我不盲目创新，最聪明的方法肯定是学习最佳案例，然后再超越。”马化腾曾这样解释腾讯的创新。

腾讯总是能够通过对 QQ、微信用户行为习惯的把握，把创新出来的东西与腾讯 QQ、微信这样的核心业务进行对接，使其拥有的庞大用户资源得以发挥。同是业内数一数二的企业，360 创始人就曾公开坦言：如果时光能够倒流，大家都去做即时通信，在产品细节和技术方面一定会比马化腾更胜一筹，却无法比 QQ 更加成功。因为马化腾是把互联网产品当作服务行业来做，腾讯的成功在于“经营人心”。

当然，从商业角度来看，腾讯通过复制已经成功的产品进行扩张是切实可行的，但是这会给那些涉足互联网的创新者带来致命的打击。

这让腾讯有时也会惹上一定的麻烦。例如，2009 年 6 月，搜狐公司就因为QQ输入法将腾讯告上法庭，理由是腾讯侵犯了搜狗拼音输入法的软件自主知识产权，并通过QQ拼音输入法破坏搜狗拼音输入法服务，对搜狗公司造成一定的影响，所以请求法院判令腾讯停止不正当竞争行为，并索赔一大笔钱财。

由于索赔金额巨大，以及两家公司均为互联网领域的巨头企业，因此此案被业界称为“中国输入法第一案”，并引起了广泛关注。最终，这场争斗以“各挨五十大板”的结局落幕，腾讯和搜狗，谁也没有占到便宜。

商场上从来没有永远的敌人，也没有永远的朋友。转眼到了2013年，腾讯向搜狗注资4.48亿美元，双方的输入法模块合体收入搜狗。2016年9月，腾讯在搜狗中持股45%，成了最大股东，搜狗拼音输入法和QQ输入法有了共同的东家，那就是腾讯。

在这样的同一阵营下，搜狗拼音输入法和QQ输入法的竞争进入了竞合的良性发展态势。QQ输入法也以其简约的特性无声无响地占据着一定的市场份额。在使用中，QQ输入法支持基本的拼音、英文、五笔、笔画、数字符号输入，还支持手写、整句输入、智能纠错等扩展功能，可以满足用户的不同需求。

2017年8月，在某运营商发布的数据中，搜狗拼音输入法和QQ输入法分别占据着第一和第三的宝座。虽然搜狗拼音输入法的用户量巨大，但QQ输入法依然拥有1195万的“死忠”群体。有网友曾表示，QQ输入法因为没有广告和冗杂的功能，所以一直采用的是QQ输入法。

事实上，输入法是一种以用户习惯性为导向的客户端。用户一般选择了某种输入法就很难做出改变。因此，搜狗拼音输入法并没有强制导入

QQ 输入法的用户，QQ 输入法也没有变相引导搜狗拼音输入法的用户，两种输入法有着各自合理的存在。正如某互联网企业的高层所说的，要想和腾讯抗衡，那就是放下姿态，与腾讯公司真诚合作，大家一起把市场做大。搜狗拼音输入法和 QQ 输入法的打法，正是对这名高层所说的最好诠释。

由于是搜狗拼音输入法和 QQ 输入法共同的东家，腾讯不再关注搜狗拼音输入法与 QQ 输入法的较量，腾讯的打法就是以搜狗拼音输入法做主导，QQ 输入法做补充，二者共同挤压排名第二的讯飞。不管是搜狗拼音输入法独大，还是 QQ 输入法逆势崛起，腾讯都是最后的赢家。

QQ 浏览器：有浏览市场就有 QQ

2014 年 5 月 6 日，全球移动互联网大会在北京国家会议中心举行，QQ 浏览器首席产品架构师叶骏表示，为了争夺市场份额，手机浏览器有口水战意味，但腾讯不会参与其中，而是把工夫用在专注用户的体验方面。

之前，腾讯曾与搜狐因为浏览器的抄袭事件进行了长时间的口水之战，搜狐在网络上发文，指责腾讯抄袭了其搜狗浏览器，腾讯方面则宣称绝无此事，双方在网络上吵得不可开交。

尽管如此，并不妨碍腾讯在浏览器行业大步向前，有一份资料显示，在 2013 年的手机浏览器市场份额占据方面，UC 浏览器以 60.4% 的市场份额位居第一，QQ 手机浏览器以 25.1% 市场份额位居第二。但是，易观智库发布了《中国第三方手机浏览器市场实力矩阵专题研究报告》，称中国最大的手机浏览器市场领先者，第一是 QQ 浏览器，第二是 UC 浏览器。易观智库的资料时间是截至 2013 年，显示当时手机 QQ 浏览器市场份额已超越 UC 浏览器，占据绝对的领导地位，成功坐上了浏览器行业第一把交椅。

作为腾讯公司多元化战略的产品，QQ 浏览器一直和公司的其他产品积极合作，合理利用公司的优势资源。例如和微信与 QQ 合作，对于 QQ 浏览器的价值提升都很有帮助。并且，与其他竞争对手相比，QQ 浏览器具有三个优势：一是大数据的优势，二是社交属性的优势，三是拥有领先的产品架构和技术能力。

将 QQ 浏览器与 UC 浏览器对比可以发现，首先，UC 浏览器在 3G 时代失去了产品的独特性；其次，UC 浏览器在流量、速度等方面的优势被弱化，UC 浏览器本来稳固的市场地位变得岌岌可危。2011 年 4 月，UC 浏览器的活跃账户规模第一次被 QQ 浏览器超越，在手机浏览器界面转型平台化的情况下，UC 浏览器的内容平台整合能力明显欠缺，使它面临更加严峻的考验。

腾讯公司进入浏览器行业不过短短几年，手机 QQ 浏览器为什么能够独霸一方？专家认为，这主要得益于三方面因素，即腾讯公司正确的战略定位、有力的资源整合、含金量很高的技术创新。

例如，腾讯公司在战略定位方面，2012 年手机 QQ 浏览器主要致力于平台化的建设，搭建了 Web App 开放平台，吸引大量 Web App 开发者进驻，将手机浏览器的 HTML5 能力发挥到极致，为用户提供一站式上网服务。另外，腾讯公司为了更好地适应智能终端、3G 网络，满足用户最核心的上网需求，自 2012 年下半年开始致力于提升产品核心性能，自主研发 X5 内核、X 架构及搭载 X5 内核的手机 QQ 浏览器极速版先后上市，使手机 QQ 浏览器开始回归上网本质。

在资源整合上，手机 QQ 浏览器依托腾讯读书海量资源以及手机 SOSO 的强大技术支持，率先开辟了小说阅读专区，并通过技术创新大大提高了用户的阅读体验。借助腾讯强大的平台，手机 QQ 浏览器全面推出“精品阅读”，为广大用户打造便捷、精致的阅读体验，提高用户手机阅读效率。同时，借助 QQ 关系链优势，让用户可以利用 QQ 账号一键登录旗下所有应用，还能够跨平台共享书签、进行浏览器设置等。

在技术创新上，手机 QQ 浏览器在发布独立版本前就已经被设置在手机 QQ 中，这也让手机 QQ 浏览器获得了大量的技术创新、研发的经验，拥有一百多项专利发明权。依托强大的创新能力，手机 QQ 浏览器于 2012 年先后推出语音控制、二维码扫描、炫酷多窗口、精品阅读等一系列新功能。

可以说，手机 QQ 浏览器凭借腾讯公司所拥有的强大的技术创新能力、资源整合能力、精准的战略定位，不仅让腾讯抓住了高速发展的契机，同时也为整个手机浏览器产业发展指明了方向，推动其他手机浏览器同行共同发展。

根据易观国际发布的数据，2013 年 7 月手机浏览器类 App 覆盖用户量排名前 3 位：第一是 QQ 浏览器，7172.86 万，第二是 UC 浏览器，6230.83 万，第三是百度浏览器，5453.06 万。手机浏览器使用时长排名前 3 位：第一是 QQ 浏览器，12549.28 万小时，第二是 UC 浏览器，7600.5 万小时，第三是百度浏览器，6610.62 万小时，如图 5-5 所示。

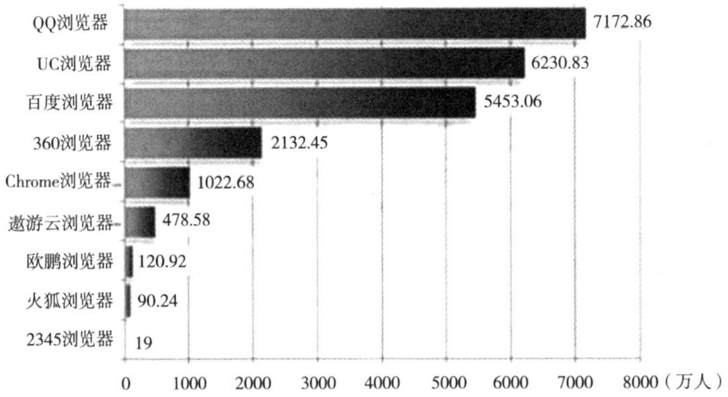

图5-5 2013年7月中国手机浏览器覆盖人群数

很多手机用户认为，QQ 浏览器自研发出 X5 内核后，上网的速度超过其他所有浏览器，而其他公司的浏览器不仅增加了一大堆游戏功能，还增加了一些社交等功能，使上网速度如老牛拉车一般，用户体验感很差。QQ 浏览器之所以能够让用户有一个理想的上网体验，是因为 QQ 浏览器没有 UC 浏览器那样多的盈利压力，在没有盈利压力的情况下，QQ 浏览器可以更专注产品体验，不用持续为浏览器增加盈利项目，因为持续做加法，会让浏览器变得越来越不堪重负。

而 QQ 浏览器能够占据老大的位置，还有一个主要因素是产品定位。在研发阶段，QQ 浏览器就进行了明确的定位："一站式上网服务平台"。之后，腾讯先后为 QQ 浏览器增加了云账号、精品阅读、在线听音乐三项功能。此举充分利用了腾讯公司丰富的资源。

2012 年，腾讯公司把 QQ 浏览器定位从“一站式上网服务平台”改为“回归上网本质”，本意是让手机浏览器上网速度更快，更节省流量。自从有了强大的 X5 内核后，QQ 浏览器的上网速度得到大幅提升，远远超过了竞争对手；另外，为了满足广大用户的跨屏需求，腾讯公司的研发人员专门研制出了跨屏穿越功能，以便于用户快速分享网页。这也是 QQ 浏览器所独有的创新。

现在的 QQ 浏览器可谓是全平台浏览器产品，电脑端 QQ 浏览器与手机 QQ 浏览器已经完美结合。从电脑端到手机、平板电脑终端，用户能够随时共享书签，并且通过创新的跨屏穿越，能够互相分享网页。而这种跨平台跨终端的创新是大多数互联网企业根本无法做到的。

业内人士认为，随着腾讯公司不断整合自身的资源，不再为盈利担心，能够投入更大的精力去做好产品，加上电脑端、手机端、平板电脑多端融合优势，使那些常规的互联网企业失去竞争能力。未来，手机浏览器市场份额会全部掌握在巨头手中。

强强联合：微信携手京东

2015 年 10 月 26 日，腾讯联合京东在北京召开发布会，开始为京东的“双十一”活动预热。这次发布会的口号是“大牌盛宴，爽购 11 天”，在此期间，所有商品全部是正品低价，重点是“品质”，借助“品商”平台服务商家与消费者，同时还联合多家品牌建立“品质购物”的联盟。3C数码产品、家电、消费品和服饰家居四大品类共同联合百家一线品牌，举行专场期促销，其中3C数码产品有超过50款新品首发，手机端还发放价值8亿元的优惠券，并可以在京东App上抢爆品、团购等。

本次活动时间自11月1日开始至11月11日，京东方面可以通过微信朋友圈进行“全民大牌竞猜赢取优惠券”的活动；同时，京东App开展了“爆品提前抢”“老刘送1亿红包”“疯狂团购”等活动；京东微信购物和手机QQ购物还推出了“亲吻送红包”“一块来夺宝”等趣味玩法。此外，还举行了图书文教、手机科技、母婴玩具、京东超市、家居家装、运动户外、时尚服饰的专场促销，并在11日和12日进行全品类促销。

腾讯与京东的深度合作标志着“京腾计划”的正式实施。在此次计划中，微信为品牌商家提供了包括“精准画像”“多维场景”和“品质体验”等一套完整的营销解决方案，同时也为广大用户迅速找到心仪的商品，提供了极大的便利。“品商”平台是腾讯与京东共同打造的，利用腾讯的社交行为数据与京东的购物行为数据，达到有效的精准营销目的，并结合社交平台场景和电商销售平台，利用在社交传播中积累的大量粉丝用户，激发他们的购物行为。

2015年春节，微信平台利用“摇一摇”等功能，全方位地为京东春节红包大派送活动助力。2月12日21～22点，微信最新版本的用户可以抢先体验微信摇红包功能，获取京东的现金红包。为了照顾没有参与2月12日抢红包的用户，2月18日除夕夜，京东再次派送了更多更大的红包。除现金红包外，京东还于2月19日大年初一7：30开始到2月21日大年初三期间，利用微信平台回馈全国用户总金额4.5亿元的京东券，用户通过微信“摇一摇”即可摇出京东东券，摇出的京东东券3月5日之前在京东微信购物、手机QQ购物和京东移动客户端均可使用。不只是微信，QQ也参与了进来。2月11日12点和18点两个时间段，在QQ平台上，京东发出了超过1.6亿元的京东券，3月5日前在京东微信购物、手机QQ购物和京东移动客户端均可使用。

2017年10月，腾讯与京东继续合作，推出了“京腾无界解决方案”，这是一个以腾讯社交、内容体系和京东交易体系为依托，为品牌商打造线上线下一体化、服务深度定制化、场景交易高融合的零售解决方案。腾讯和京东一方面力争打通线上促销、社交推广、线下促销三方面的体系，另一方面则是开展全渠道项目，推出无人店。

相较于2015年的“京腾计划”，2017年双方的这次联手显然升级了许多。它更加注重于提升品牌的营销服务能力以及解决品牌在营销过程中可能遇到的痛点。以前，企业在进行品牌营销时，消费者会在电商平台浏览并购买商品，会在社交媒体看到品牌广告，还会去线下门店购物并积累会员积分，虽然消费者关注的是同一商品，但由于各场景的独立，这些资源和数据都不能整合。而此次“京腾无界解决方案”则可以打通之前这些独立场景的边界，将各项资源和数据完美地结合起来，更精准地为用户“画像”和为企业进行品牌推广。

2019年5月，腾讯与京东的五年合作之约到期，随即双方又续签了三年合作协议。从2019年5月27日起，腾讯将继续在自己的微信平台为京东提供一级和二级入口，为京东带来流量支持。

腾讯携手京东，可谓是一场双赢的体验。腾讯可以将自己的资源与京东嫁接起来，助其更快地规模化，并从中获取自己作为独特资源提供者的利益。腾讯这么做，可以更专注于自己所擅长的领域，而避免在自己并不占据多少优势的领域浪费精力。而京东则可以扩大自己在移动端上的领先优势，未来将持续为广大用户带来更实惠的购物体验。

腾讯和京东的合作很成功，让业内对原本“短时间内移动购物市场会再度产生革命式变化”的论断，做了有力的诠释。目前，以微信为代表的全新移动购物模式完全可以与传统移动购物应用相抗衡。这场革命式的购物变化，各商家和广大消费者已经看到了。

当然，未来移动购物市场的巨额利润不可限量，未来也不可能一成不变，移动购物市场还是会更多地出现新的电商企业，以满足不同消费群体的购物需求。但只要一步步地稳扎稳打，像微信和京东联手那样，前景将相当可观。

微信朋友圈：移动时代的信息流展示平台

有人说，手机现在已经成为一种“人体器官”。确实，无论在哪里，都能看到各种各样的“低头族”，现代人一天被手机占用的时间越来越多。

而在手机各种应用的使用频率中，腾讯的微信绝对是最高的应用之一。人们看微信，就不会忽视朋友圈。有的人经常每隔一段时间就会点开微信，看一看好友最近都在做什么，好友有没有分享什么特别的音乐、照片、新闻、美食等。

朋友圈成了微信最为成功的一种产品模式。它成功地打造了一个熟人间的小圈子，让人们可以随时关注自己朋友的消息，又能在一定程度上杜绝自己的隐私外泄。同时，自己在朋友圈分享的消息也仅能在好友中显示，外人无法得窥门径。

从这一点上来说，微信朋友圈和 QQ 空间有着本质的区别。QQ 空间是开放型的，用户在上面发送了日志，发送了图片，如果没有加锁，所有访问用户都可以看到。而微信朋友圈则不然，它是只属于熟人的“私密”空间，满足了很多人向朋友展示自己生活的社交欲，同时又杜绝了陌生人的打扰。而且，熟人间可以前所未有地对别人发送的消息点赞或评论，趣味性十足，因此刚一上线就赢得了大众的青睐。

微信朋友圈肇始于 2012 年 4 月 19 日微信的 4.0 版本中。朋友圈其实就是一个基于图片分享的社会化网络，腾讯微信开发团队的构想是让每一个人都能参与到自己和他人的“图片塑造生活”中去。

微信团队研发朋友圈整整花费了 4 个月时间，人员不到 10 人，但却开发了 30 多个版本。腾讯的微信团队将这个过程称作“回转开发流程”。在开发的 4 个月中，团队成员每天上午都会接收邮件，明确产品经理整理出的功能点的启动和开发，每天晚上，团队成员又将开发情况汇报给张小龙和产品经理，在接收到团队成员的成果后，团队负责人会及时讨论与研究，并在当天后半夜给出新的想法，第二天继续循环。

最后，朋友圈成了微信团队的一个创造性发明，它与国外的移动社交工具有显著区别，它延续的是微信朋友的双向好友关系，只有双方添加好友以后，用户才能看到对方发送的消息，并且可以对对方发送的消息进行评论或点赞。如果几个人互为微信好友，其中一个用户也可以看到同为自己微信好友对朋友消息的评论和点赞，并且同样可以对好友的评论进行评论。

微信朋友圈主打的是图片消息，版本中并没有发送纯文字消息的介绍，但是用户可以通过长按相机键的方式来完成纯文字消息的发送，这种操作方式微信一直有所保留。微信团队一开始是将消息的发送定位成图片的，而对于这种纯文字的发送形式并没有特别加以说明，但最终还是被用户发现了。

无论如何，微信朋友圈都成为了用户喜闻乐见的一种形式。现在，它不仅能分享图片和文字，甚至能分享文章和音乐，成为很多用户极为依赖的一种移动社交工具。

从结果来看，朋友圈的诱惑无疑是惊人的。截至 2017 年 6 月，微信的注册用户已经超过 11 亿，月活跃人数达到 9.63 亿……

微信支付：不止支付

和 QQ 钱包相比，腾讯的微信支付具有更大的用户基础，如图 5–6 所示。

图5-6　微信支付

对于微信支付，2013 年 11 月，微信产品部副总经理张颖将其定义为：只需绑定银行卡即可在微信内、公众号内、App 中，以及身边随处可见的二维码，简便快捷地完成付款，为商业场景在手机中的闭环提供全新的解决方案。

现在，微信支付已经实现了刷卡支付、扫码支付、公众号支付、App 支付等不同支付方式，并且提供企业红包、代金券、立减优惠等新的营销工具，满足了不同用户不同支付场景的需求。

自 2013 年 8 月推出以来，微信支付出现了井喷式的发展态势。2017 年 12 月时，微信支付的绑卡用户数达到 8 亿多，每月使用微信转账 2 次以上的用户超过 60%，微信支付连接的线下门店也超过了 30 万家。

微信支付后发力于支付宝，但从发展路径来看，它又与支付宝有着本质的不同。支付宝是从电脑端互联网向移动互联网延伸，而微信支付则完全发自移动互联网。场景、社交、开放无疑是驱动微信支付的三大引擎。

在支付场景中，微信上线的“微信智慧行业解决方案”涵盖了几乎所有的日常生活场景，打通了从用户到店、用户识别、微信支付、用户离店的大数据分析、精准推送和吸引用户再次光顾的全流程，如图 5-7 所示。在传统的消费模式中，用户到店购买完货品后就意味着一次消费行为的结束，而微信支付不一样，在用户进行微信支付后，微信会适时地推出店家的相关活动及新信息，增加用户二次购买的机会。也就是说，用户在某一商家进行微信支付后，并不是消费行为的结束，而可能是下次消费行为的开始。

图5-7　微信支付现实场景

此外，微信支付还深入了居民缴费的每一个渠道之中，水费、电费、燃气费、购买电影票、停车、一卡通几乎无所不包，而这也成为培养用户使用微信支付习惯的重要切口。

除了支付，微信支付还有在线预约、公众号接受检查等服务，它在帮助商家实现供给侧的优化和升级的基础上也让用户真正得到了实惠，这些都生发于微信对用户、对商家的深层洞察。

微信支付具有强大的社交属性，平时的微信红包，朋友间的相互转账都是微信支付的重要方式。从某种意义上来说，微信支付也成为联结人们交往的桥梁，它能方便快捷地实现朋友间财务往来的沟通。

微信支付同样推动生态式的发展策略。它开放的政策能够吸引第三方、商家积极自主地参与到微信支付的生态构建之中。经过腾讯审核通过的微信支付服务商也可以获得多种独有的能力和权限。2016 年，微信推出了“星火计划”，准备投入 1 亿元资金来扶持服务商。事实上，微信支付已经帮助很多传统行业的企业实现了三级跳，一步跨入了 O2O 时代，现在部分门店，客户使用微信支付的占比甚至达到了 80% 以上。就连被人们认为很难进入的医院、景区等，也被微信囊括其中。

2018 年 10 月，微信中国香港钱包正式为中国香港用户提供内地移动支付服务。中国香港用户在内地消费时，利用微信中国香港钱包支付，微信中国香港钱包会自动将其按实时汇率换算成港币金额，而且无须支付手续费。从这一点来看，微信支付的触觉延伸得越来越广。

在微信支付发布的产品理念中，微信研发者曾明确提出“微信支付，不止支付”。微信要实现从工具制造者到生态缔造者的转变，实现线上线下的互动互联，为用户打造智慧高效的生活体验，实现价值分享。

微信理财通：与余额宝相抗衡

中国的互联网理财市场正在爆发式地增长。有数据显示，截至 2015 年年底，我国个人理财的基本规模达 40 万亿～ 50 万亿，而这中间，互联网理财的规模已经达到了 2 万亿，参与的用户为 2 亿～ 3 亿。

2014 年 1 月 15 日晚，微信推出了自己的互联网理财产品“理财通”，首批合作伙伴包括华夏、易方达、广发、汇添富 4 家基金公司。

基于微信强大的用户基础和巨量的流量，微信理财通刚一上线，就被业内人士认为是最有可能与余额宝相抗衡的一款产品。

在微信理财通诞生之前，已经有多家公司开发了相关的互联网理财产品，如百度联合华夏推出的百发，新浪微博推出的微财富等。但由于自身积累的用户数量偏弱，这些产品对余额宝难以望其项背。

可理财通不一样，它建立在微信6亿用户的基础之上，而且用户对于微信的打开频次非常高。而微信的打开频次显然是其他互联网企业的产品所不可比拟的，这也是理财通最显著的优势之一。

微信具有海量的用户，自带面对终端客户的渠道优势，能够以成本更低、速度更快的形式覆盖用户，将用户资源变现。而互联网企业这种优质的渠道，也成为理财公司抢夺的渠道，因此，互联网企业和理财公司一拍即合，最终推出余额宝、理财通一系列适合大众理财的产品。

有数据显示，微信理财通上线百日以后，资金规模已经达到了800亿元，虽然与余额宝的资金规模还无法相提并论，但不可否认，它已经成了余额宝一个强劲的对手。余额宝有多年的支付经验，并且具有先发优势，但理财通则得益于用户的覆盖度，未来谁会夺得互联网理财更大的蛋糕，无人知晓。

微信红包：迅速壮大微信支付用户

你方唱罢我登场，IT界的新鲜信息层出不穷、比如三星与FaceBook

达成合作、京东推出意外怀孕险、李彦宏欲收购爱奇艺等。

不甘寂寞的腾讯，在研制出微信三年后的2014年，在微信上增加了一个微信红包功能，如图5-8所示。回顾微信刚面市的时候，曾有石头剪刀布和摇骰子的小游戏，在游戏的取舍上，腾讯内部谁也说服不了谁。最后，当有人提出微信红包时，腾讯内部才达成了共识。因为微信红包可以激发用户关系链，通过利益黏住参与人，比石头剪刀布和摇骰子这种小游戏更有意义。

图5-8　微信红包

微信红包的开发总监曾透露出一些关于研制微信红包的初衷。首先在年末岁首之时，民间有着逗利是、讨红包的传统习俗，人们通过这种习俗可以让年味变得更加浓厚。微信红包便是将这种习俗搬到了手机上，为大家设计一个好玩、有趣的产品，除了“抢”红包，大家还可以在微信里互相祝福，感受新年的乐趣。

发送微信红包有两种方式，一种是专门对发，即选择指定的好友，将红包发送给这些指定的人；另一种是在微信群中，设定一个具体的钱数及红包个数后，生成不同金额的红包，当用户按了发送键之后，红包就会出现在微信群成员的手机上，大家就开始抢。2016 年春节时，微信红包研发团队还短暂推出过一个“红包照片”的功能，用户在朋友圈发布一张照片，别人若想看到它，必须给其发一个红包。而 2016 年仅春节 6 天，微信红包一共收发了 321 亿个，有 5.16 亿人参与。微信红包的火爆，再次说明了微信在人们中的普及性，许多人也习惯了用微信红包来表达情感、维系关系。2019 年 2 月 10 日，微信官方发布了 2019 年的春节数据，报告显示，从除夕到初五，共有 8.23 亿人次收发微信红包。

其实，在线下，红包多是春节期间长辈发给孩子们包含着祝福意味的压岁钱。而微信红包的出现打破了这种长送幼的局限，平辈人也可以发送红包，甚至还有人用发微信红包来吸引对方的注意，或者小额交易时，也用发红包的形式进行，也有人还把微信红包当成一种游戏来娱乐。有时候，在一个微信群中，也许你并不认识对方，但如果群发红包后，他们也会“抢”到。

微信红包已经成为一个热门话题，只要打开网络，很容易发现各种关于微信红包的消息。甚至有好事者开发出一些抢红包的神器，助推用户快速抢到红包，好比春运期间抢票软件一般，使抢红包显得并不那么公平。为此，腾讯不惜封杀了一批抢红包神器。

作为社交工具的一种，微信红包在某种程度上已经成为人们生活中通行的一种娱乐方式。腾讯在开发微信红包时，一直追求的是让其简单好用，而凭此优势微信红包也积累起了庞大的用户群体。从大的方面来讲，这也是微信支付与支付宝最大的区别，微信支付操作简单易学，而支付宝钱包的功能特别繁多。

腾讯自 2014 年起把微信红包与央视春节完美地结合在一起，悄无声息地改变了人们发红包过年的方式，创造了一个以微信为中心的巨大支付场景，所有人都看到红包在整个春节满天飞。有人说：微信支付仅在 2014 年春节，每天注册用户已经超过 1 亿，远远领先支付宝。腾讯 CEO 马化腾立刻在自己的微博发信息，否认“一天绑定一亿银行账户”，但是大家纷纷参与抢、发红包的情景，令阿里感到巨大的危机。

尤其是 2016 年春运期间，出现在各大门户网站的广告：覆盖在全国 19 个省的近千个长途汽车站、港口、机场巴士已全面支持微信购票抢现金红包活动。用户只需用微信“扫一扫”购票，即可在支付成功页面点击“抢红包”参与活动，如图 5-9 所示。

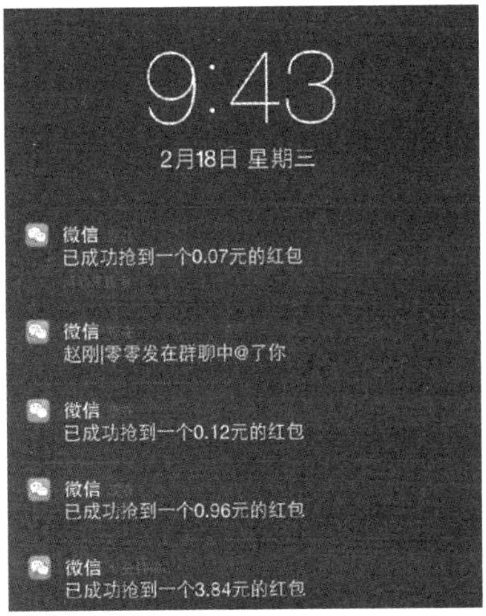

图5-9　“抢红包”

稍有网络意识的人都明白，腾讯的微信红包并不是为了娱乐而开发出来的，其真正目的就是争夺移动支付这块大蛋糕。大家都明白，要想参与抢红包，就要把微信与银行卡绑定，即通过微信支付才能得到红包里的钱。如果用户不绑定银行卡，抢到手的红包就兑现不了，还会自动退回到发放者手机中。所以，参与抢红包者纷纷注册微信支付，无意中就抢了许多支付宝的用户。

微信红包作为一种手机游戏，腾讯将其运作得非常成功。现实中，参与抢红包的人通常并不在意抢得的金额有多少，主要是感受“抢”的乐趣和氛围。这也是一种变相地使人主动和他人进行分享和传播的途径，微信红包已经融入了社交关系链，一个人用微信发红包，就可能带动周围一批人开通微信支付，参与微信支付。

微信支付发展势头惊人，不少互联网巨头受到严重冲击。不仅如此，腾讯还通过微信支付盘活了腾讯的电商系，让部分淘宝店主入驻微信或者易迅开店。这让李彦宏、刘强东等巨头们如坐针毡。因为，微信已经成为这些互联网巨头最强大的对手。

微信小程序：简单到没有套路可言

很多人都有过这样的体验。在计算机端使用某一款软件时，需要下载安装，然后它根深蒂固地存在于用户的计算机里，有时不想用了，意欲将其卸载时，还会遇到各种各样的障碍。在手机移动端，各种各样的 App 也占据着用户的屏幕，用户下载以后一般不会卸载，总想着哪一天突然会用到，即便很多时候手机已经提示内存空间严重不足。

以上这些“恼人”的软件是用户的一个痛点，它做不到召之即来，挥之即去，在计算机或手机上不留痕迹，它总是占用一定的内存空间，也总是引发下载和卸载的烦恼。

基于此，微信开发了一款不用下载安装就能使用的应用，为用户实现触手可及的梦想。用户只需搜一搜或扫一扫就可以打开某个应用，用完后，也不会在手机或计算机上留下需要打理的痕迹。

这就是小程序。刚开始时微信将其定义为“应用号”。2016 年 9 月 21 日，微信小程序开始内测，并暂定名为“小程序”，引起业界的广泛关注，腾讯云的小程序解决方案也正式上线，为有需求的用户提供小程序在云端服务器的解决方案。

2017 年 1 月 9 日 0 点，小程序正式上线。用户打开微信，点击“发现”，在页面底部就会出现一个“小程序”入口。点击进去以后可以搜索中意的企业小程序，也可以看到微信推送的附近的小程序。用户用完小程序的功能以后，退出即可，它不占据微信聊天界面，也不占据手机的存储空间，完全没有上文中提到的软件、应用安装卸载的烦恼，其操作非常简单。

小程序主要是让用户自行搜索，也是为了维护自己的用户体验。微信一直以“轻”的态度吸引用户，小程序也不例外。

其实，和腾讯的其他很多产品相比，小程序也有“复制”的痕迹，但它的闪光点仍然爆发在腾讯身上。几年前，百度就推出过类似小程序概念的轻应用，另外，UC、豌豆荚等浏览器或应用也曾尝试过这一设想，但无一例外他们都没有做成，最终，腾讯完成了这个概念。

当时，这些产品的用户量级还没达到一定层次，人们对应用的使用并没有出现颓势，因此开发者对这种形式的产品并没有表现出太大的兴趣。而在腾讯进入时，用户对于软件下载安装卸载的痛苦已经有了切身体会，大环境也发生了很大变化，应用市场正在整合，流量也变得越来越贵。如此一来，小程序的出现正好迎合了用户的需求。

微信开放小程序的出现，既降低了开发者的成本和应用维护的难度，又能凭借微信自身庞大的用户群和巨大的流量，为小程序的进驻者提供可观的展示机会，同时也能让用户随时随地找到自己喜欢的商家、企业，获取想要的交易机会。不管怎么说，这都是一个三赢的局面。

第六章　钱途：腾讯的盈利模式

腾讯的创举：Q 币汇通天下

从 1998 年 11 月成立到 2002 年 3 月，尽管 QQ 用户量已经突破一亿大关，但马化腾还没有找到一种合适的盈利模式，这成为腾讯公司能否存活下去的关键问题，怎样才能把海量的用户群体转化成利润，一直是马化腾不断思考的事情。他曾想，只要有一成的用户能够付费，那也是一笔不小的收入。可是，用什么方法来收费呢？即使收到费了，用什么方法来兑现呢？而且，QQ 用户大多是在校学生，他们能够支付得起的只是区区几块钱而已，但他们也不可能为了这几块钱专门跑到银行或者邮局去给你汇款。

那么，怎样才能有一个既安全又方便的收费通道呢？当时，国内许多游戏企业为了更好地吸引用户，设计出了游戏点卡，而且用户在购买这个游戏点卡的时候还有一定的优惠。这个创意让马化腾眼前一亮。

2002年5月，腾讯公司有了一个创举，即开始发行自己的货币——Q币。这是一种只供QQ用户使用的货币，你可以在QQ上购买虚拟的服装、道具、场景、化妆品、兑换游戏币等虚拟商品，一个Q币价值人民币1元。腾讯公司规定：Q币不可以回兑，只能用人民币购买Q币，而不能用Q币兑换人民币。

为了更好地销售Q币，腾讯公司参照游戏点卡的销售办法，在全国设置许多代理商，并把他们分为总经销商、二级经销商、直销商三种，在每个省份设总经销商1名，负责这个省的二级经销商管理；二级经销商负责市县一级的销售；直销商面对终端客户，他们由二级经销商指定。二级经销商可以储存Q币，直销商却没有这个权利，他们只能向客户销售Q币，不能把手中的Q币卖给其他直销商。

总经销商和二级经销商、直销商的获利方式是不同的，总经销商的利润主要来自腾讯公司的返点，你销售得越多，得到的利润就越大。二级经销商和直销商的利润主要来自Q币的差价，一般是一成到一成半。他们都有已经成型的销售渠道，一位曾经从事这个工作的销售人员说，从他这里批发Q币最低是八八折，并且是一百个以上的数量才能得到这个优惠额度。

其中有一个问题，Q币销售成本很高，并且回款速度很慢。各级销售代理商都要从中分得一些利润，比如一张面值30元的Q币卡，经销商最低以29元的价格出售，每销售一张Q币卡可以赚1元钱，一个月有三次结算的时间。剩下的利润还需要分给邮局一部分，因为Q币卡是随着报纸一起发送到直销商手中的。

随着腾讯公司各项业务的飞速发展，腾讯开始提升 Q 币卡的利润。有一位经销商说，他之前可以以六折拿到 Q 币卡，以八折出售，但这时却要八折，他只能以稍微低于市场价的价格批发，利润空间大幅缩水。为了提升利润空间，腾讯公司将 Q 币卡以八八折批发给那些包月使用 QQ 的用户，并让他们用银行储蓄卡交费。对那些不想按月充值的用户，开通了“一点能充值”，让用户把 QQ 号与银行储蓄卡绑定，一旦 Q 币到了一定的数量，储蓄卡会自动向 QQ 账号充值。腾讯用积分赠送一个月服务的方式去推广这项业务。

腾讯公司发行的 Q 币卡可以说是一个创举。所有的业务都可以用 Q 币来结算，这使得 Q 币在网络中盛行起来，甚至有人怀疑它会对人民币造成一定的冲击。

Q 币在网络中流行以后，并没有人关心它有什么不妥。直到湖南卫视的选秀节目《超级女声》的出现，大家才注意到 Q 币的存在。湖南卫视为防止有人对女选手的票数做假，取消了手机发信息的方法，改用 QQ 投票的方式，所有的 QQ 账号都可以参与投票，只要添加一组数字，就拥有了投票的权利，一 Q 币一票，并且最多可以一次为选手投 15 票。

这又引发了另一个问题。许多网站上出现大量销售“为超级女声选票”专用直充 Q 币，此类信息仅淘宝一家网站上就达 3 万多条，该网站的 Q 币销量大幅上涨，平均每天的销量在 50 万元，该网站销售的 Q 币为 6 角，按照每天销售 50 万元计算，相当于有 80 多万张选票。同时，因为 Q 币交易量大，出现大量 QQ 号被盗的现象，一些买卖 QQ 号的人说，买了

QQ 号后要立刻投票，因为出售的 QQ 号并不是出售者本人的，其真正的主人一上线就会立刻修改密码。这样，用 Q 币投票比手机信息投票更容易做假。

尽管腾讯公司为此做了很大的努力，比如，一个人可以有两三个 QQ 号，但不能同时拥有 100 个 QQ 号，如果出现这种情况，腾讯公司就会出面干涉，并且还规定一个 QQ 号登录 3 分钟后才可以投票。

这为 Q 币的销售带来极大的量级，也让腾讯公司获得了巨额利润。但这也引起了有关人士的高度关注，让人们重新评价 Q 币在现实生活中的作用。尽管腾讯公司一直强调 Q 币不同于现实中的货币，它只是单向流动，且不可以与人民币兑换，但事实是，你可以用 Q 币去购买上网费，也可以用 Q 币去给网站写稿子的人支付工资，甚至有人把 Q 币买卖当成一种工作，并且每个月的收入相当于一个大学本科毕业生的工资。

Q 币的超常流行引起了一位检察官的注意，他在一份刊物上发表文章说：Q 币代替人民币在网络上流行，这种 Q 币虽然是商家任意发行的，但可能对现实中的货币造成一定的冲击。理由是：Q 币作为一种电子货币，与“代币券类”有着本质上的相同。这样，有可能引起黑客的兴趣去攻击该公司，如果虚拟货币发行公司破产的话，不仅社会财产会流失，也会影响人民的安定团结。他认为 Q 币会对人民币造成一定的冲击，并不是目前，而是存在这样的可能性。

为此，国家相关部门出台了一个关于虚拟货币管理的文件，规定虚拟货币可以用于兑换发行企业的网络游戏服务，但不可以购买游戏道具等。

三驾马车：腾讯的三大收入来源

从腾讯的收入模式来看，腾讯收入大概分为三大块：互联网增值服务收入、网络广告收入、支付相关及云服务，这些构成了腾讯收入的“三驾马车”。

腾讯在发布的2018年财报中显示，2018年全年总收入为3126.94亿元，同比增长32%。2018年全年腾讯净利润787.2亿元人民币，同比增长10%。

2018年，互联网增值服务方面的收入近2354亿元，同比增长28%。互联网增值服务方面又分为两大板块，社区及开放平台增值服务和网络游戏。其中，社区及开放平台增值服务方面增长主要来自直播、视频及音乐等数字内容服务与虚拟道具销售的收入。

智能手机游戏方面的收入为人民币778亿元，同比增长24%，与2017年一样，智能手机游戏收入约占腾讯总收入的一半。这些游戏主要来自《王者荣耀》《魂斗罗：归来》《龙之谷手游》《经典版天龙八部手游》，以及腾讯的主要个人计算机游戏，如《英雄联盟》《地下城与勇士》。2018年，腾讯还推出了《斗破苍穹》《火影忍者手游》等IP游戏，吸引这些流行动漫及漫画的粉丝。

2018年，腾讯网络广告业务方面的收入为人民币581亿元，同比增长

44%。其中，视频广告同比收入增长34%，这主要得益于腾讯自制的综艺节目大受欢迎。新闻广告业务在系统升级后恢复增长。社交及其他广告收入398亿元，同比增长55%，该项收入主要来自微信（主要是微信朋友圈及微信公众账号）及其他移动端应用的广告，腾讯的朋友圈广告点击率始终保持在健康水平。

在云服务上，这项业务也为腾讯贡献了91亿元，2018年腾讯的云收入增长超过100%。2018年年底，腾讯云的全球基础设施已覆盖25个地区，运营53个可用区。

与人们平常看到的不同的是，腾讯许多所谓模仿的产品收入并没有占多大比例，腾讯的收入大部分来自几款游戏和社区及开放平台的增值服务。

其中，受制于手机智能游戏的兴起，个人电脑客户端的游戏收入将不可避免地放缓。2018年，腾讯个人电脑客户端游戏收入506亿元，同比下降8%，收入主要来自《英雄联盟》《地下城与勇士》。

值得注意的是，腾讯智能手机游戏收入已经大幅超过个人计算机客户端的游戏收入，其增长主要来自腾讯现有的几款最火爆的游戏，如《王者荣耀》《QQ飞车手游》《穿越火线手游》等，如图6-1所示。

图6-1 《王者荣耀》游戏界面

腾讯的《王者荣耀》自2015年11月26日上线以来，迅速火爆全国。2016年1月,《王者荣耀》就荣登2016中国泛娱乐指数盛典“中国IP价值榜——游戏榜top 10”。

对于社区及开放平台，根据中国互联网络信息中心发布的《第40次中国互联网络发展状况统计报告》，网民数量已经达到7.51亿人，占全球网民总数的1/5。其中，仅手机网民的规模就达到了7.26亿，手机上网的人数比例不断攀升。但从现有网民规模来讲，之后网民的增长幅度将会缩小，事实上，自2008年以来，总的网民上线人数不断下降，也就是说，腾讯用户的增长正在下降。

那些比较热门的领域，如视频和电商方面，腾讯没有坚实的技术基础做后盾，与行业老大优酷土豆、淘宝等存在很大差距。其在已经披露的电商中，毛利率竟然只有2.5%，仍在亏钱。

2018年，网络游戏仍是腾讯高速发展的主要引擎。在社交方面，QQ用户智能终端月活跃账户整体呈下跌趋势，然而年龄在21岁以下的QQ用户群体则有一定的增长，这反映了年轻群体较之成人更加钟爱于QQ。此外，QQ空间智能终端月活跃账户同比下跌3.9%，与QQ用户智能终端月活跃账户整体下跌幅度相若，说明QQ用户和QQ空间用户具有极高的关联性。为了增加QQ空间的活跃度，也为了吸引年轻群体，腾讯正在大力推广校园空间，以增加中学生和大学生用户的参与度。

从目前来看，微信用户的增长幅度较为显著，微信及WeChat合并月活跃账户数10.98亿，同比增长11%，但在中国网民总数日趋饱和的情况下，这个增长幅度在未来还有可能下降。值得留意的是，微信小程序的用户增长迅速，用户日均访问量同比增长 54%，覆盖超过 200 个服务行业。

在网络广告中，移动视频播放量及腾讯新闻信息流流量增加成为腾讯网络广告收入增加的主要驱动。那些优质的内容，如腾讯购买的电视剧和自制的综艺节目，是吸引用户选择腾讯视频的主要原因，随之而来的便是广告收入的增长。在微信中，腾讯也增加了广告资源的投放。

腾讯云的服务范围也在进一步扩大，除了继续巩固腾讯在游戏、视频及直播行业提供云服务的领先地位外，2018 年腾讯也提高了 TMT 及金融行业的市场份额。

在其他方面，腾讯的数字内容也保持了快速增长，主要来源于直播及短视频内虚拟礼品销售、视频订购及音乐服务订购的强劲表现。

在未来，腾讯的收入空间还会继续增长，但增速不会像以前那样高速。腾讯凭借目前的布局战略，想保持更好的收入增长率及利润增长率将变得非常困难。因为腾讯涉及面过大，如何让腾讯公司继续保持现有的收入水平，是马化腾面临的最大挑战。

移动 QQ：移动和电信增值服务

我们回顾中国互联网企业在 2000 年左右的情景，就会发现这样一个规律：所有的互联网创业者都是在得到海外风投的大笔资金后开始疯狂地跑马圈地，玩命地烧钱，却不知道盈利点到底在哪里。例如，搜狐的张朝阳、百度的李彦宏、网易的丁磊，这三个代表中国互联网发展的人物，都曾有过迷惘时期，根本不知道出路在哪里，还不能就此停手。

但是，风投的耐心也是有限的，新浪的王志东就是因为几年不盈利被风投抛弃的。因此，若想使一家网站尽快获得利润，不管对企业创始人还是风投而言，都是一件至关重要的大事。说到底，如果没有一个明确的盈利模式，继续下去，只会陷入困境。新浪网和搜狐网在广告方面找到了盈利的机会，而网易则在网络游戏方面找到了盈利的机会。

掌管着腾讯的马化腾也如上面三位创始人一样，经历过不知道如何盈利的迷惘期。他去寻找风投，根本说不出盈利点在哪里，风投不会因为他拥有几百万注册用户而动心的。

机遇往往隐藏在不经意之中，说不定什么时候就会来到你面前，往往机会来临了，你却识别不出，把握不住。但马化腾有一双识别机遇的眼睛。当时，中国移动推出一项名叫“移动梦网”的服务，就是可以让手机收发短信，发送一条收费 1 角。这项业务不仅让几个互联网企业从死亡的边缘挣扎过来，并且获得大笔收入。

马化腾的腾讯公司就是那些重新焕发出活力的互联网企业之一。当中国移动推出“移动梦网”服务时，尽管其条件十分苛刻——二八分账，即运营商得二，主管商得八，还是引起了马化腾的极大兴趣，迅速率领腾讯投入手机代收费的业务中。同时还开展了移动 QQ 业务，促使广大网友利用手机 QQ 聊天，与必须待在办公室或家里的计算机前相比，使用手机 QQ 要方便很多，可以随时随地聊天，这项业务深受年轻人的欢迎，无论你在哪里，都可以用手机与朋友交流，这是一种很时尚的行为。

不到半年的时间，腾讯就成为中国移动的得力助手，其最高峰时竟然占到了移动梦网总收入的70%，腾讯的盈利也如注册QQ用户时的速度一样，从实现现金流正常，到盈利一千多万，仅用了不到半年时间。腾讯的盈利在2002年、2003年两年时间里增长速度惊人，一方面由于腾讯推出了QQ行、QQ秀等业务，另一方面由于其不断学习（例如模仿新浪推出短信、铃声等业务，模仿盛大研制出小游戏，模仿网易推出交友业务QQ男女等），其在2002年的净利润为1.44亿元人民币，比2001年增长了近10倍。2003年的净利润为3.38亿元人民币，比2002年翻了一倍还多。而这些利润的来源大多是移动和电信增值服务。

腾讯凭什么盈利？凭的就是移动和电信增值服务。但市场并不是一成不变的，就像六七月的天气，刚刚还是晴空万里，霎时就会电闪雷鸣、大雨倾盆，互联网也是一样。移动和电信增值服务在腾讯早期的收入中一直占比较重，在2005年第一季度，移动和电信增值服务利润仅有1.343亿元人民币，比同期下降了6%，比上一季度下降了20.4%。这项业务在腾讯公司所占利润比例已经下降到44.7%，而互联网增值服务的利润比例已经上升到49.6%。

对于移动和电信增值服务收益的下降，腾讯公司早有预料。马化腾坦言：主要原因是与中国移动“移动梦网”的分成协议结束，再加上受到中国移动彩信业务计费政策变化的影响。彩信业务向MISC计费平台系统转移而引起的收入波动普遍反映在各主营商的财报之中，但与“移动梦网”分成协议的结束，对腾讯而言着实是个不小的打击。

之后，移动和电信增值服务的收益情况一直不容乐观，截至2007年，移动和电信增值服务已经在腾讯的收益中下降到20%，而互联网增值服务已经上升到70%。2010年以后，腾讯移动和电信增值服务收益所占的比例更小。在这个背景下，腾讯公司只好创新其他业务，以便维持移动和电信增值服务已有的收益。

网游与QQ秀：互联网增值服务

自1998年11月成立起至今，腾讯公司始终倡导多元化经营战略，而正是这个多元化经营战略让腾讯公司一跃成为中国市值最大的互联网企业——国内第一家突破市值100亿美元的企业。

由于腾讯公司倡导多元化经营战略，使得它能够抵挡住互联网行业出现的种种风险。成立之初，腾讯凭借移动和电信增值服务的收益渡过了难关，当其他同类网站还在四处寻找生财之道时，腾讯公司已经进入了收获期。尽管后来移动和电信增值服务出现了下滑，但是腾讯公司的互联网增值服务则开始展露风姿，仅这项收益就占据腾讯公司总收入的一半。

腾讯公司的互联网增值服务分为两种，一种是网络游戏，另一种是与QQ相关的业务。从腾讯公司2008年的收益财务情况来看，除了网络游戏之外的互联网增值服务收益，QQ相关业务服务的收益占腾讯公司收益的一半。

什么是互联网增值收益呢？对于腾讯公司而言，QQ秀、QQ空间、QQ宠物、QQ会员等，都属于互联网增值收益。正是这些不引人注目的产品服务，为腾讯公司带来每年1.44亿元的收入，平均每个月收益1.2亿元，平均每天收益400万元，每秒收益50元，也就是说，你眨一下眼睛的瞬间，腾讯公司就凭这些不引人注目的产品服务获得了50元的收益。

这就是腾讯公司倡导的多元化经营战略的结果，借用腾讯公司执行副总裁吴宵光的话说，这就叫“一纵一横”战略，“利用QQ秀、QQ空间、QQ宠物等横向服务，不断拓展用户在IM平台上的个人属性和关系链，以便让资源得到彻底的发挥。并且，纵深挖掘用户的更多新需求，为广大网友提供更多个性化服务。这样横向扩展平台，纵向丰富应用。”

QQ秀是基于QQ平台而设计的虚拟形象，用户可以用Q币到QQ秀商城购买虚拟的服装、道具、场景、化妆品，去装扮自己的QQ、QQ聊天室、腾讯社区中的虚拟形象。虽然QQ秀的出生地在韩国，但自从来到腾讯公司后，它就成为腾讯最主要的增值服务。当时，腾讯公司讨论是否需要购买QQ秀时，召集了公司所有管理人员，对其进行细致而认真的研究，最后决定出手购买。由此可见，腾讯公司对QQ秀的重视程度很高。

购买QQ秀之后，腾讯公司并没有简单地将其复制过来，而是把用户心理的分析、揣摩、设计，再度开发，把这些想法融入应用中，给广大网友带来一个全新的体验。那些在腾讯网站上网的网友们，花Q币可以用“如流水”来形容，他们这样做的目的就是希望自己的形象能够与众不同，追求的是个性化表现，以引起他人的注意。男孩大多会选择一个周杰伦式的表情和发型来装扮自己的QQ；女孩一般会选择眼睛能眨动的形象交费。

腾讯公司的研发人员用心去研究年轻用户的心理，并把他们的需求通过网络反映出来，引导他们去消费。

腾讯公司的研发人员把现实中年轻用户的心理，全部融入虚拟的网络中，并别出心裁地设计出专门为 QQ 宠物准备的牙膏。而一个 QQ 秀的标价从两三元到七八元不等，买一身打扮至少需要花费二三十元。正是因为这些不引人注目的收益构成了腾讯公司庞大的收益来源。腾讯公司 2006 年的财报足以说明这一点，它在这一年的互联网增值服务收入为 18.253 亿元人民币，同比增长达到了 132%。

腾讯公司的 QQ 相关互联网增值服务还包括 QQ 空间和 QQ 宠物，到目前为止，QQ 空间是国内互联网企业中第一项实现丰厚盈利的增值服务。而 QQ 宠物则是腾讯公司利用用户心理需求最典型的产品服务之一，它既不是游戏也不是社区，这个在 Windows 95 时期就存在的虚拟的宠物概念，没想到会被腾讯公司打造成一棵摇钱树，并利用一切办法向用户推荐这个看起来很人性化的 QQ 宠物，程序会提示用户该给宠物取名字了，该喂食了，该洗澡了，该看病了，“我没有任何食品哦，带我去买食物吧。”这样的人性化语言时不时地提醒着用户，要照顾好自己的宠物。

在互联网增值服务中，最大一方面的收益来自网络游戏。腾讯公司令其他互联网企业敬畏的是，无论其他公司的游戏有多火爆，或某些创新很符合这个潮流，腾讯公司只需要拿过来稍加改进，利用本身 QQ 和微信上的海量用户，自然会有许多人争相掏钱，使得其他互联网企业的同类游戏难以为继。

2004 年，腾讯公司在香港挂牌上市的时候，其网络游戏的收入就已经占到非常大的比重。这些网络游戏不但为腾讯带来了巨大的现金流，也为腾讯在其他领域的拓展提供了雄厚的资金支持。

因此，在以 QQ 为平台的互联网增值服务中，就目前的互联网企业而言，没有哪家可以超越腾讯公司，用“一枝独秀”来形容腾讯公司并不为过。

根据腾讯公司 2018 年财报显示，其互联网增值服务收益达到 2354 亿元人民币，比上一年同期增长 28%，占腾讯公司全年总收入的 55%，其中，非网络游戏类增值服务收益为 1070 亿元人民币，而网络游戏类收益增值服务为 1284 亿元人民币，占腾讯公司全年总收入的 40%。这些游戏主要有《地下城与勇士》《穿越火线》及《QQ 炫舞》，普遍受到广大网友的追捧，推动了腾讯公司的网络游戏收益的增长。

作为腾讯公司的掌门人，马化腾特别满意网络游戏为代表的互联网增值服务收益，他认为：“中国的网络游戏和增值服务还在起步阶段，相信还有几年的快速增长期，这个时期也是各个互联网企业必须抓住市场份额和抓住用户的关键时期，在这个时期之中，谁失败了，就会再无翻身之日；如果抓住了这个时机，就可以从此高枕无忧了。”

当美国的次贷危机席卷全球的时候，万科的王石正在为企业做好“瘦身过冬”的准备，而腾讯的马化腾却一反往常保守的态度，认为：在互联网行业中最大的收益来自网络游戏等增值服务，特别是网络游戏行业与大经济环境有着恰恰相反的特征，世界经济环境普遍不景气，而这正是互联网企业大显身手的时期，因此，腾讯公司更应该该出手时就出手，决不可错过这个有利的时机。

网络游戏在未来几年将成为腾讯公司最大的收入来源，正是基于这个预测，马化腾带领腾讯公司在网络游戏方面的投入力度随之加大。他认为，腾讯公司将进一步把产品和服务多元化，利用代理和加强自主研发，以确保网络游戏能够源源不断地上线，以保证公司的正常运营，“腾讯公司不要像大多数互联网企业那样只做一个产品，而是要建造一个平台，实行多元化发展，大力开发休闲游戏和大型的多人在线游戏，以此避免某一款游戏出现了下滑的情况而手足无措，保证我们的业务平台不会因此而受到冲击。”

腾讯的第三极：在线广告

近几年来，超级 App 大行其道，经过多年的“浴血奋战”，QQ 和微信都已经成长为一款超级 App，成为腾讯公司最具竞争力的产品。而随着 QQ 浏览器凭借腾讯强大的生态链内容，不断加速新功能植入，另一款腾讯系超级 App 已经上线。“承载着腾讯在移动平台‘连接战略’的手机 QQ 浏览器，不再是一款简单的浏览器，而是一款包含了资讯、娱乐、社交等全领域的超级 App。当然这还得益于腾讯生态系统带来的海量用户大数据。”某位行业人士分析道。

回顾 2008 年的腾讯，谈及腾讯收益的“三驾马车”时，马化腾曾这样说：“从收益的角度看，目前市场规模最大的是网络游戏。2007 年的网络游戏在中国市场规模超过 130 个亿，而 2008 年还将增长近 40% ～ 50%，第二个最大的收益是增值服务、无线增值服务。另外，品牌广告的市场规模只能排在第三名了，第四名是搜索引擎方面的收益。当然，这仅仅是国内互联网的初级阶段，从长远看，网络广告肯定会排在第一名，而且网络广告还是一个比较稳健的商业模式，并且增值服务、网络游戏还有 3 ～ 5 年的快速增长期，不过这两块市场总会有饱和的时候。与之相比，网络广告还有很大的发展空间，我们的互联网企业都应该顺应这个市场而改变。”

因此可以说，马化腾是非常注重在线广告这方面的业务的，腾讯公司在 2000 年时就开始使用广告的形式来提升收益，当时是在 QQ 聊天软件上弹出一个小广告，但是，即时聊天工具 QQ 毕竟广告位置有限，对于腾讯公司而言，广告收益一直处于不上不下的尴尬局面，这一不理想的局面直到 2003 年才得以改变。这是因为腾讯公司成立了门户网站，那时才真正有能力去获得一部分在线广告市场。

让人意想不到的是，腾讯公司那几年的广告收益并不令人满意，几乎是原地踏步。对于广告行业，技术出身的马化腾承认自己在这方面不是很专业，于是想到了引进专业人才来推动这一块的收益。2006 年，拥有美国新泽西州立拉杰斯大学文凭的刘胜义进入腾讯公司，并担任腾讯公司副总裁一职，负责拓展网络媒体及在线广告业务。

在进入腾讯公司之前，刘胜义曾担任过阳狮中国的执行合伙人、电通扬雅和麦肯集团在京港两地的高管、天联中国的首席执行官及上海 4A 委员会主席，有过在国际知名广告公司工作近 20 年的经历，是品牌管理和营销方面的专家。刘胜义与马化腾进行了简单的沟通之后，发现腾讯公司其实已经具备了互联网广告老大的潜质，门户网站排名第一和注册用户超过7亿的海量，100多个产品和业务的多元化结构，90%以上的用户覆盖率。但是腾讯公司缺乏一个有效的手段来整合这些资源，只是被动地接受广告商以门户的价值来衡量广告价值，腾讯公司的广告因此一直处于停滞不前的状态。

刘胜义加盟腾讯公司仅半年时间，腾讯公司的广告业务就有了很大改观。首先，他利用腾讯公司以往的广告案，与美国、中国香港、中国台湾及大陆的广告专家进行洽谈和沟通，最后获得了一个行之有效的办法，刘胜义将其归结为腾讯智慧，广告效果可衡量、互动式的体验、精确化的导航、差异化的定位。他认为，那些上网者的足迹都是有规律可循的，而腾讯公司是一个覆盖率巨大的平台，浏览咨询可以到www.qq.com，社区用户可以去QQ空间、QQ群，视、音频发烧友可以去QQ直播或QQ电台，喜欢网络游戏的玩家可以去QQ游戏或腾讯其他大型的多人在线游戏。可以说，腾讯的100多个产品和业务能够实现B2B以外的所有互联网功能，只要能够有效地分析不同广告受众的上网习惯，就可以在不同的位置和时间段对应这类用户开放。

战略已经确定，接下来需要做的就是找到那些潜在目标客户。但是，要找到广告客户并不是一件容易的事情，刘胜义为此带领一群工作人员研究出几种解决方案和衡量效果工具。有一个名为“数字媒体触点解决方案”最为实用，这个方案反映出腾讯公司经营战略的精髓。马化腾为此曾说过这样的话："在现实生活中，因为分众模式的存在，电梯、健身房、食堂和医院，甚至是厕所，都成为接触点而被广告拦截。在虚拟世界中，人们访问互联网的路径同样也可以有无数个广告接触点。人们在网上生活的路径是可以被追踪的，属性不同的数字点也可以被不同需求的广告拦截，而我们的跨平台产品有100多个，用户的覆盖是我们的强项。"

马化腾在刘胜义的影响下，对在线广告的运营方式也有了一定的理解，后悔自己以前只知道一味地卖流量，却不知道流量的来龙去脉，卖得太亏了。"但是现在，我们能够清楚地知道一个用户上网的真正需求了。"

腾讯公司研制出的精准定向工具能够随时为广告商提供广告效果指标及受众的详细报告，如点击、曝光、唯一点击等，都有详细的数据支撑，在用户地理、年龄、性别、场景等方面也有详细的细分报告。有了这些分析数据，广告商就可以有效地保证广告投放的有效性及投放效果的准确衡量。

刘胜义的加盟使得腾讯公司的广告业务发生了明显的变化，例如，利用在线营销，为蒙牛公司销售了大批QQ宠物酸酸乳；利用3DQQ秀的兑换，为可口可乐销售了1500万瓶可乐。马化腾说："我们改变了客户的投放计划，提升了20%～30%的效果。利用成本很低的用户资源重新组织，就已经提升了如此大的比例，我相信新模式的潜力还是很大的。"通过精准定向技术和各具特色的社区化互动平台，腾讯智慧还帮助大众汽车、奥迪、英特尔、摩托罗拉、诺基亚、建行手机银行等众多品牌成功地获得了营销的体验。

自此，腾讯公司的在线广告呈现出一个快速增长的趋势。2007 年第一季度，同比增长达到了 80% 以上，全年的在线广告总收入达到了 4.93 亿元人民币，同期增长 84.9%。腾讯公司的在线广告收入虽然比之前有了极大的提高，但总体上仍然无法与其他公司抗衡。例如，新浪网在 2007 年第一季度的广告营收为 4780 万美元，搜狐网的广告营收为 3320 万美元，而腾讯公司的在线广告收入仅为 1.458 亿元人民币，相当于新浪、搜狐公司的 44%、63.5%。另外，腾讯控股有限公司公布的 2009 年第一季度财报显示，当期的净利润比上年增长 94%，但在线广告的收入仅占总收入的 5.9%，这个比例甚至可以忽略不计。

马化腾曾在公开场合表示：预计未来 5 ～10 年，在线广告业务收入在公司总收入中所占比例将超过一半。但是，在 2018 年，这个美好的愿望腾讯还没有达成。对此，马化腾非常有自知之明，他说：“我们现在的流量是第一，但是作为网络媒体的影响力，我们还不是，第一的还是新浪。但我们要转变，要慢慢地去做这个事情。如果你做得好的话，还可以把原来不认识的人拉回来。我不希望一下子就到高端去，这不现实。”

为了提高广告方面的收入，除了在广告本身下功夫外，还要注意提高腾讯门户网站的影响力。虽然腾讯网站的流量超过了新浪、搜狐，居于中国门户网站第一的位置，但是，正如业内人士所指出的那样，这些流量都是被动的流量，那些广告商是不会看中这些流量的。

腾讯的门户网站偏重娱乐方面，这与腾讯 QQ 的定位有关，这就使得腾讯很难吸引高端的广告商。因此，腾讯有必要认真打造自己的门户网站，使之成为一个具有影响力的平台。能够做到这一步，相信腾讯的在线广告业务会发生质的变化。

微信商业化：腾讯“吸金”的新方式

微信发展到今天，已经不能再将它简单地看成一款社交通信工具了，它是一款超级 App，像磁极一样吸引着所有人，日常生活中的购物、交友、娱乐、吃饭、出行、理财、看病等都与微信密不可分。

微信，拥有庞大的用户基础，拥有巨大的流量，是人们占用时间最长的 App。那么，如果将微信商业化，它将为腾讯带来多大的“钱景”？毫无疑问，绝对是一个巨大的体量，没有人会质疑它“吸金”的能力。

现在，很多传统企业都融入了微信，选择在微商城里开店。从效果来看，微商城具有六大传播平台和五大竞争优势。

六大传播平台：

第一，微商城是一个功能特别全面的平台，包括广告播放、商品展示、会员管理、交易管理等可能同台完成，吃、喝、玩、乐、衣、食、住、行等各种生活服务无所不包，一应俱全。为企业提供全面的展示平台，为客户提供便利快捷的购物天地，与手机网站零距离接触，涵盖所有消费群体。

第二，手机微商城既是一个独立的服务平台，又可以与电脑网站完全连接，将购物信息、消费娱乐、交流互动、在线交易等集中在客户的智能手机之中。

第三，进入手机微商城，展现在你面前的是一个3D立体的购物中心，这在全世界来说也是顶级的购物商城。华丽、超酷、时尚、舒适，360度自由旋转展示产品，让客户产生舒适的购物体验。同时，微商城具有自动定位客户位置、海量搜索潜在客户的功能，一旦客户进入这个购物中心，可以随意进出任何一个楼层、商铺、展柜，让你全方位欣赏每一件商品。当然，客户还可以进入自己的个人中心进行收藏、购买、支付等，把喜欢的商品买到手。

第四，微商城也是一个手机App定位搜索综合平台，集合了美食、休闲、娱乐、购物、旅行等全方位消费导航与搜索，并与3D虚拟购物中心、会员管理系统等融为一体，成为移动网络时代一个超级应用大平台。

第五，微商城是微信公众平台。互联网营销之所以能够颠覆传统的营销渠道，主要是因为微博、微信拥有庞大的客户资源及廉价、精准、高效的成本投入和广告效果。

第六，微商城是时尚、动感的框架视频广告联动平台，是目前较为流行的宣传媒频之一。微商城以加盟商的店面为平台，广告内容以宣传他们的产品或服务为主，与各个行业的广告一起播放，避免同行业间相互打架的局面。框架视频广告联动平台与微商城广告平台互为鱼水，达到了相互衔接促进的广告效应，如图6–2所示。

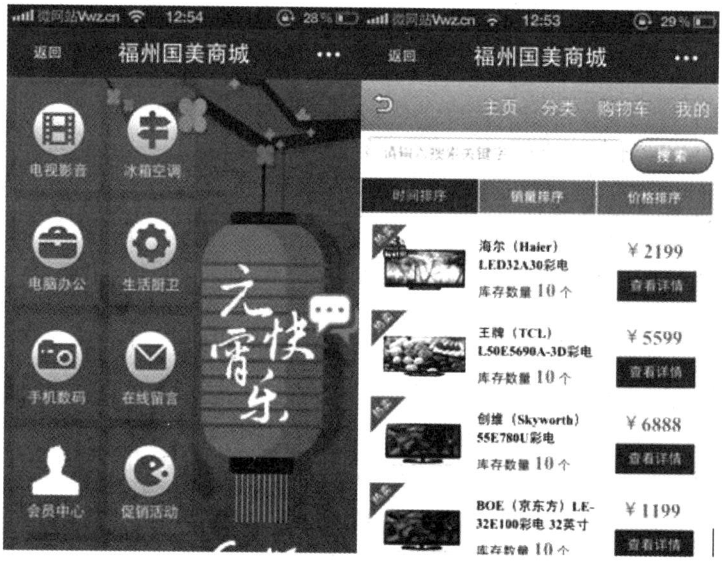

图6-2 微商城界面

五大竞争优势，如图 6-3 所示：

第一，覆盖面广。无论是线上还是线下，上述六大传播平台相互融合，这是传统媒体望尘莫及的。

第二，效果理想。潜在客户精准、反馈速度快捷、与客户的互动性强、客户及准客户群体庞大。

第三，成本低廉。如果把广告投放在传统渠道也许是 100 万元，但把广告投在这里只要 1 万元就可以达到 100 万元的效果。

第四，功能强大。无论是广告展示、在线消费，还是自动定位、自动搜索，抑或是在线互动、在线娱乐，这里无所不包、无所不有。

第五，超尖端、时尚。全球唯一一家 3D 虚拟购物中心、360 度全方位展示厂家商品，给客户创造出一种身临其境的购物体验。

图6-3　微商城的竞争优势

不足之处是微商城还只是一个企业与消费者交易的平台，并没有给微信带来太多利益收入。而腾讯也多次表示，微信目前还不急于赚钱，它要做的是先将整个生态系统的基础构建好。即使微信现在已经打通了支付环节，看起来形成了商业闭环，但还在犹豫，该如何最后一跃，该如何在赚钱和赚什么钱中去权衡。

微信是基于移动端的，它和电脑端的商业模式绝不是简单的平移。现在，还没有哪一款移动互联网产品实现了真正持续且成功的商业化，微信也在探索。

但是，该来的总会来，微信在朋友圈中做广告就是一个尝试。2015 年年初，微信开始了第一条“朋友圈”广告的内测。这条广告由微信团队发布，包括 6 张图片和一条链接。6 张图片中，每张图片上都有一条广告语，分别是“它无孔不入”“你无处可藏”“不是它可恶”“而是它不懂你”“我们试图”“做些改变”。而那条链接，用户点开后上面则显示“广告，也是生活的一部分”。

基于微信强大的用户基数和使用频率，微信开放广告后，知名企业

“金主”纷至沓来。几天后，宝马、可口可乐、vivo 等就成了微信广告的第一批尝鲜者。

与微信朋友圈用户发送的信息一样，微信的企业广告也是由图片和文字组成，图片可以发布一张或多张，微信用户打开朋友圈就可以看到，而且用户也可以对这些广告进行评论或点赞，评论或点赞后微信好友可以看到自己在这条广告下的动态。

微信的广告可以说是一种信息流广告，它穿插在信息之中，依据社交群体属性对用户进行智能推广。这种方式由 Facebook 首创，它也是目前很多互联网产品主要采用的广告形式，包括微博、今日头条、QQ 空间等都在采用。而在国外，这种广告的收益也是巨大的，Facebook 有 2/3 的收入都依赖于它。

当然，朋友圈出现广告也使用户产生了反感，有的人认为这不再是单纯的朋友间的交流场所。有的人以此为腾讯计算收益：从费用上来看，腾讯为第一批广告投放者设定了准入门槛，其第一期仅接受 500 强这样的大企业，最低投放门槛为 500 万元。过渡期以后，用户似乎逐渐接受了微信的广告方式，不再有过多的抱怨。有人推测，微信据此一年即可获得超过 100 亿元人民币的收入。

对此，微信团队说：“这会是一款全新的社交互动广告模式，是第一款由用户来决定是否存在的广告。”朋友圈的广告有多种宣传方法，微信基于自己精准的用户数据，地域、操作系统、互联方式、学历、年龄等，微信都可以将其设定为定向条件。它也会给投放者实现更细、更准确的投放，这对投放者来说具有足够的吸引力。vivo 的数据就显示，其在微信上投放广告后 2 日内，总曝光量就接近 1.55 亿，用户互动 720 万次，vivo 官方微信增加粉丝 22 万。

广告只是微信盈利中的一种方式，并非全部。对于微信获取其他收入的方式，很多人有过各种各样的设想，如用户增值服务付费、游戏、电商等。这些微信其实都在做，只是目前还没有上升到规模化、正常化的阶段，一切都在尝试。未来，等到微信的商业模式真正成熟的那一天，其“吸金”的能力又会让所有人大吃一惊，成为中国互联网界的一个现象级企业。

第七章　腾讯的用人之道

互联网公司最有价值的就是人

马化腾认为，对于腾讯而言，资金和业务都不是最重要的。业务可以拓展，可以更换，资金可以吸收，可以调整，而人才却是最不可以替代的，是腾讯最宝贵的财富。的确，作为一家互联网企业，腾讯需要的是高素质人才，不是靠人才的数量，而是靠人才的质量。腾讯公司一直把员工视为企业最有价值的资源。

在腾讯公司，活跃着一大批年轻有力、富有才华的知识型员工，在这里，他们不认为工作仅仅是多挣一些工资为家人带来物质上的享受，他们最大的希望是能够从工作中获得快乐，以实现自己的人生价值。无论是上班还是业余时间，他们从未停止过对快乐工作方式的探讨，腾讯的领导层认为，努力使员工“工作并快乐着”更能激发员工的创造力。

在腾讯的企业文化中有一条最为主要，那就是关心员工的成长。在腾讯公司的有关文件中是这样解释这一条的：

第一，重视员工的条件和专长，以良好的工作条件、完美的员工培训计划、职业生涯通道设计促进员工个人的职业发展。

第二，重视企业文化管理，以健康简单的人际关系、严肃活泼的工作气氛、畅快透明的沟通方式，促进员工满意度的不断提高，使员工保持与企业同步成长的快乐。

第三，激发员工的潜能，追求个人与公司共同成长。作为员工首先要有付出的意识，甘于为团队奉献智慧和勤劳，以优秀的团队成就个人的优秀。

为了做好“关心员工成长”，腾讯公司采取了一系列措施。

第一，腾讯公司特别注意营造良好的企业文化氛围。引导所有员工建立共同的愿景和使命，腾讯公司的品牌和巨大的影响力让所有员工感受到自己能在这样的企业里工作充满了自豪感。腾讯共同的价值观使员工产生强大的凝聚力。腾讯的经营理念和管理理念，能够让员工切实感受到自己的工作受到了重视和尊重。

第二，腾讯公司非常重视内部的正常沟通。作为中国最早的互联网企业，“智慧沟通，灵感无限”是腾讯公司永远不变的主题。每当有新员工加入，腾讯的人力资源部门就会送给他一本《腾讯内部沟通手册》，让其感受到企业的沟通文化，并且告诉他在哪种情况下采取何种沟通方式，以及内部的沟通技巧等。

在腾讯公司内部，几万名员工除了 QQ 沟通以外，还有一个更正式的沟通工具 RTX。所有员工在刚到办公室时都会登录这个工具，这样就可以清楚地了解到身边同事的状态，在线、离线、暂时离开等，虽然这个工具使公司变大了，但员工之间仍保持近距离沟通状态。此外，腾讯公司的内部还有一个大家可以随时交流的专区，员工可以在这里讨论许多事情。例如，自己在工作方面有什么问题，公司的管理还有哪些不足之处，业余时间大家都干些什么，甚至还互相交流如何照料孩子的经验。腾讯公司的领导层也会关注这个专区，如果大家遇到一些比较有代表性的问题，他们也会在这里讲一讲自己的看法。为了让这个专区更好地发挥作用，腾讯公司还专门建立了一个叫作“总办交流”的平台。如果哪个员工想问老板一个问题，可以直接发到上面去，马化腾就会抽时间认真回复，其他人也可以看到你的问题及老板的回复。

第三，腾讯公司特别重视员工是如何平衡工作与生活之间的矛盾的。为促进员工的劳逸结合与相互之间的正常交流，腾讯公司经常组织一些丰富多样的文化活动，让员工在紧张的工作之余能够享受到生活的快乐。腾讯公司还成立了业余体育协会，从星期一到星期五分别安排了羽毛球、排球、足球、篮球、网球、乒乓球等活动，并定期举办比赛。另外，腾讯公司还经常组织旅游、文艺节目等。各种活动不仅丰富了员工的业余生活，减轻了员工的工作压力，让员工能够以更健康的身心投入工作之中，并且极大地增加了员工之间的凝聚力和自豪感。

第四，腾讯公司有一年一度的腾讯春节晚会。腾讯公司的主要领导都要在这个年会上发表自己的演说，和员工共同庆祝这一年来的收获。

第五，腾讯公司非常重视员工的职业发展。刚开始的时候，腾讯公司联合 HP 商学院（惠普商学院），为员工设计一套完整的职业发展规划体系，为不同能力、不同兴趣的员工量身定做了管理和专业双通道发展机制。后来，腾讯公司成立了腾讯学院，主要对员工进行培训。

腾讯公司所做的这一切，就是希望员工能够和其一起成长。这也得到了社会的好评。例如，在 2018 年，由智联招聘联合北京大学社会调查研究中心发起的“中国年度最佳雇主 30 强”中，腾讯蝉联第一，这也是腾讯自 2007 年以来，多次连续荣获第一的殊荣，证明了腾讯公司把员工视为企业最有价值资源的理念。

把好人才引进关

对一家企业而言，引进人才以保证有新鲜的血液，是最为重要的事情，腾讯也不例外。从 2002 年开始，腾讯每年都会引进一批大学毕业生，以补充公司的后备力量。一般是从每年的 11 月开始，到 12 月底结束，历时 2 个月的时间。那些国内计算机专业比较出色的院校，基本都是腾讯寻找新员工的理想场地，如北京的清华、北邮；武汉的华中科大；安徽的中科大；成都的电子科大；西安的西工大、西安电子科大、西安交大；南京的南大、南邮、东南大学；广州的华南理工、中大；深圳的深圳大学等院校。

腾讯公司对新员工的素质要求包括两个方面：第一是专业素质，第二是综合素质。专业素质主要通过笔试和面试考核，公司有一套完整的面试流程；综合素质由人力资源部专业评审，包括团队精神、沟通能力、对企业文化的认可、对自我的定位等方面，都是判断能否成为腾讯新员工的重要方面。并且，腾讯公司不会因为专业不对口而拒绝有才能的人才，例如在研发方面，公司虽然要求计算机及相关专业出身，但不排除个别对计算机特别喜爱、在这方面有天赋的人才。例如，尽管不是计算机专业出身，但只要具备相等的经验和能力，如在校期间曾做过一些项目、开发出一些优秀的产品，具备实际能力的人才，腾讯也会将其收之麾下。

与其他企业招聘新员工的流程一样，腾讯公司在招聘新员工时先收集简历，如果觉得可以，就会通知笔试，笔试合格之后再通知面试，面试合格之后就到了签约环节。对这些毕业生的面试，一般不安排在学校里。例如在成都、广州等地，都是安排在酒店进行。而且为保证其他学校的同学都能及时参加面试，招聘人员到目的地城市前，都会事先通知他们，因为腾讯本身就有一个非常好的工具——QQ，全国的学生都能知道他们的行程。

腾讯公司在招聘新员工的过程中具有时间短、效率高的特点。为了不让学生们太焦急，腾讯尽量缩短招聘周期。到达一个城市的几所目标高校后，就开始招聘，从简历收集到签约，基本一星期内完成。在此期间，腾讯的招聘人员会加班加点，在离开这个城市之前尽量把所有结果都落实。

这种高效率的工作方式在互联网行业内也并不多见。当然，腾讯的招聘效率获得了毕业生们的认可，几乎没有人毁约。

需要指出的是，腾讯在大学校园的招聘是面向全国高校的。在腾讯聘用的毕业生中，目标学校之外的，达到 25%～33% 的比例。

无论是业务范围还是企业规模，腾讯公司的发展都可以用“爆炸”来形容。腾讯公司的业务部门分为四大系统：技术系统、业务系统、信息系统和职能系统。其中，技术系统是最大的一个部门，主要为技术开发人员；业务系统负责产品的市场营销；信息系统主要包括客户服务、公关和门户网站等；职能系统包括财务、行政等，当然也包括人力资源部。腾讯公司在创业之初发展非常快，现有员工 3 万多人，平均年龄 30 岁，95% 为本科以上学历。

腾讯公司员工有两个相当突出的特点，第一是年轻、富有激情；第二是具有强烈的创新意识。这从腾讯产品多样化上就能够看出来，依托 QQ 平台开发出很多产品，而且每种产品又衍生出众多子产品，如 QQ 游戏包括《英魂之刃》《蛇蛇争霸》《英雄杀》（新）等。像 QQ 会员、QQ 行这些增值服务，都是互联网行业内独创的产品。这也是腾讯之所以在行业内位居领先地位的主要原因。在没有任何先例可以借鉴的情况下就需要研发者不断地去创新、去完善，为客户提供最优质的服务，以便让用户在使用腾讯产品时能有完善、完美的体验。这就决定了腾讯公司员工必须具备非常强的创新意识。

那么，腾讯公司吸引新员工前来加盟的最主要原因是什么呢？

第一，对新员工最大的吸引力，是腾讯能够为他们带来事业上的成就感。腾讯公司所服务的对象是遍布全国各地的海量用户，到 2017 年 6 月，微信、QQ 注册用户已经超过 9 亿，同时在线的用户超过 3 亿，微信、QQ 已经成为年轻人日常生活中不可或缺的一部分，这自然就会产生一种成就感，因为腾讯上线的产品足以影响中国互联网行业。拥有如此庞大的客户群体，是国内任何一家企业都无法做到的。

第二，发展空间。腾讯公司能够为员工提供一个丰富而广阔的职业平台。腾讯公司从成立之日起，就一直处于高速发展的阶段，因此，从公司架构来看，内部存在很大的发展空间，无论横向还是纵向，都蕴藏许多职位、薪酬等提升的机会。

第三，腾讯公司非常重视对毕业生的培养。能够有幸进入腾讯公司的大学毕业生，都有着优异的综合素质、出众的专业能力、对事业执着、对公司忠诚，这是腾讯人才梯队建设不可或缺的组成部分。同时，腾讯公司每年都坚持在高等院校招聘一定比例的优秀毕业生，通过公司的培养和自身的学习，很快成为支撑腾讯未来的中流砥柱。目前，腾讯很多业务精英都是 2002 年、2003 年通过校园招聘吸引的，其中一些人已成为部门的核心骨干。在公司每半年一次的考核中，有几个毕业生一直是榜上有名的“优秀员工”。

第四，腾讯是一家极具创造力的公司，在企业文化中有“激发创意是腾讯的基本企业策略，也是企业和个人不断发展的动力”，腾讯营造这种氛围，目的是让员工能够不断地激发创意。

第五，机制非常重要。腾讯公司不是去扼杀而是特别鼓励员工的创新意识。腾讯的等级也非常模糊，比如，腾讯员工见到马化腾不会称呼他

“马总”，而是直接叫他 Pony。员工称呼 Manager，也不会挂一个“总”在后头，在这种融洽的沟通氛围下，只要员工有好的想法或建议，都可以和上司进行沟通。而且良好的工作氛围有利于激发员工的创新思维和创新意识。

第六，腾讯公司在硬件方面也体现了创新意识，例如办公室中，有的员工把自己的工作场所布置得很卡通，有的员工甚至连游戏道具都有。在这种富有创新意识的环境里，员工感觉舒适自在，自然灵感源源不断。

每当腾讯公司需要征集意见的时候，会在公司的专区发送邮件，让全体员工想出一些好的点子，甚至是一句口号，如 qq.com 的口号“新生活，我主张”，就是从员工中征集来的。而且，对于好的建议，部门会拿出奖品给予奖励。

做好人才培训工作

当新员工进入腾讯公司之后，对于他们的培训，腾讯做得非常到位。

2007 年 8 月，腾讯学院正式成立，成为腾讯员工培训工作发展新的里程碑，说明了腾讯公司对新员工培训的重视。

腾讯学院的目标有三个：

第一，希望成为员工的知识银行，无论员工想学到什么类别的知识，在这里都可以实现。

第二，希望成为培训人才的“黄埔军校”，能够为腾讯培养出更多的经理一级的管理层人员。

第三，希望成为腾讯公司管理知识的一个平台。

腾讯学院的师资是以公司内部资源为主、外部培训为辅的方式，公司内部的课程设计及授课，是由腾讯公司中高层领导、技术能力超棒的员工来进行的，以求深化课程与师资的腾讯化，因此，腾讯学院实施了从职业化发展到领导力培训的两大体系。例如，新员工主要以公司内训为主，接受公司的理念及企业文化的培训，而在未来，腾讯学院力求一半以上的领导力培训课程全部由本院师资进行课程设计与实施培训。

另外，腾讯学院在课程内化方面也耗费了极大的精力。要把一个培训部门发展成为一所企业大学，最主要有两方面因素：

第一，培训内容。不管是师资还是培训内容都要强调内化。尤其是要有自己核心的、成体系的培训内容。

第二，通过资源整合，让人才的发展多元化。腾讯学院会与社会上优秀的培训资源合作，也会请一些知名的职业经理人，以及国内一些比较知名的学院和研究机构，对腾讯的领导力模型进行调研、访谈、诊断，再内化出腾讯一系列基层干部的培训课程。

腾讯的课程流程开发管理方面，允许讲师根据自己的风格和习惯，适当调整标准课目，以便临场发挥。但不能改变核心课程框架，并且在课程讲授前及时告知学院领导，以便统一印发学员材料。

腾讯学院有一个电子化的学习平台，腾讯希望通过这个平台在腾讯公司营造出一种学习氛围。主要课程分为四大类：第一类是公司高层的重要讲话和一些政策；第二类是职业素质、职业技能方面的一些课程，如压力管理、时间管理、商务礼仪等；第三类是腾讯外购的课程；第四类是腾讯大讲堂，这个大讲堂每周开讲一次，每次三个小时，请各方面的技术专家讲授腾讯公司的产品、研发、技术，包括腾讯公司以往那些成功产品的研发过程，并把每一次演讲全程拍摄下来，编辑成课件发到网络上。

作为课程内化的标志，腾讯学院请马化腾及总裁刘炽平作为学院的首席讲师。当初，腾讯学院常务副院长曾在其他企业创造了一个名为“飞龙计划”的培训项目，他进入腾讯后就将这个项目搬了进来。“飞龙计划”第二期开班仪式中，腾讯学院就请来了马化腾，他和公司 30 多位经理进行了长达 2 个多小时的对话，他们就公司的文化和管理方面的建议和意见与马化腾交流，这个对话也被制作成课件放到了网络上。

腾讯学院根据基层管理干部和中层管理干部的不同情况，设计了不同的培训计划，例如对那些有希望提升为基层管理干部的员工，实施的是“飞龙计划”，而对于那些中层管理干部，实施的是“EMBA 计划”等。

“飞龙计划”已经举办了很多期，每一期有 30 多人参加，这些人将参加 6 个多月的培训，整个培训过程只有两门课程，一门是战略规划，另一门是执行力，因为这于经理人而言是最重要的两个方面。这两门课程的全部学习时间加起来有五六天，其他时间是进行研讨，进行行为学习和案例分析。学院给学员安排了一定的老师，有些是来自公司高层的管理者，由他们去辅导、带领这些学员，帮助他们迅速提升领导才能。

腾讯学院第一批培训的30多名学员，随着腾讯的发展，80%以上已经成为公司的核心管理者。

量才适用，把人才放在对的位置

马化腾认为，公司保持高速成长的关键是有合适的组织架构和人才。除了身为腾讯公司CEO外，他还是腾讯人力资源管理执行委员会负责人。由此不难看出马化腾对腾讯公司管理的重视。正如公司的某位高管所言："腾讯不是一个追求标新立异的公司。人力资源方面，腾讯的优势在于，我们持续稳定地执行我们认可的考评思路。每年进行机制优化后，我们会运用一些基本的比较简单的科学工具，来使项目做得越来越好。"

马化腾曾表示，自己面临的最大挑战就是人才。腾讯一直很欢迎优秀的人才加盟，共同开创一番事业。为解决人才匮乏的问题，腾讯近年来不断引入职业经理人，弥补腾讯的短板。同时，马化腾一直在思考如何帮助高级人才持续成长。

其实，腾讯从2005年开始就对人才引起重视，引进与培养同步进行。例如，在涉足互联网广告之前，公司没有广告领域的专业人才，马化腾从4A广告公司请职业经理人参与管理工作。现在，在腾讯14位高层领导团队中，有 7 位是从外部引进的。例如，执行董事刘炽平、前联席首席技术官熊明华就是从外部引进的，他们分别与公司创始人马化腾和张志东搭档。并且，腾讯公司还制订了一个人才培养计划，也就是辅导年计划。

辅导年计划是腾讯公司高层管理干部共同制订出来的，马化腾要求公司的管理干部利用公司制定出来的标准化工具和流程为下属的发展提供教练支持。马化腾从自身做起，之后在腾讯公司的高层管理干部中推行。腾讯公司推出了一个高层领导管理论坛，并且做了相关的辅导课，在公司网络上开设了辅导专区，使得马化腾和腾讯公司高层管理干部能够为各级管理者做辅导。马化腾说："如果高管不做（辅导年计划），就无法要求下面的人做。如果经理不按照公司的要求做，我就会先换掉他。"他要求每位经理都要具备培养自己接班人的意识，自己也不例外。

马化腾从自身开始，对下属的日常工作进行精心指导，落实辅导年计划。腾讯实施辅导年计划达到了预期效果，不仅为公司储备了领导干部，还促进了腾讯企业文化的发展——领导者应该对员工的发展负责。腾讯近几年的业绩，很大部分得益于自上而下强有力地执行辅导年计划，以及不断加强领导者为团队培养与发展人才的企业文化。

如同做新开发产品的用户体验，腾讯对高级人才能力的评估，使用最简单有效的工具——雷达图法。

随着海外高级人才陆续加盟腾讯，这些人才的文化、习俗、需求方面的差异，也给腾讯公司带来新的挑战，而这却是腾讯能否用好这些人才的关键。的确，腾讯公司要考虑到各种招聘形式的可能性，运用更灵活的合作模式。

例如美国人 Steve Gray，如图 7-1 所示，不仅是一位全球知名的游戏制作人，还是系列大片《指环王》的艺术总监，他在加盟腾讯之前就与之有合作关系，Steve Gray 经常为腾讯学员授课。“Gray 是全球游戏领域非常有名的人，他在全球范围内有很大的影响力。他给我们上过很多次课，水平很高，很符合腾讯的风格，我们由此想到是不是可以给他在腾讯找到一个合适的位置。”腾讯的一位领导者说。

图7-1　海外高级人才加盟腾讯

腾讯有很多高级人才来自硅谷或者其他海外国家，他们刚加盟腾讯时对中国不是很了解。为了让他们适应中国的工作和生活，腾讯的工作人员往往要在很多细节上下功夫，如安排人员辅导他们学习中国文化，为他们提供与高层领导交流的机会，陪同他们了解深圳的地理、文化和经济等。

许多企业在引进职业经理人方面，大多以失败告终。在腾讯高速发展期，各类员工的人数也在快速增加，确实给腾讯带来了很大的挑战，“腾讯也吃过文化被稀释的亏”。但腾讯引进的人才无疑是成功的，这与马化腾开放、务实的风格有着极大的关系。对于那些外部经理人，马化腾和腾讯的各级领导努力帮助他们融入企业。马化腾认为，公司最高层重视什么、关注什么，对企业文化的保持起着至关重要的作用。

第三篇
移动互联网时代腾讯的战略布局

第八章　审时度势，把握互联网的发展趋势

新产品首先要保证的是稳定

对计算机技术人员来说，谁都知道服务器如何使用，也知道信息保存的程序。但将两端连接起来，给用户带来极大的便利，并受到用户的追捧，就不是一般人能够想到的了。QQ 就是这样一款软件，从上线至今已经拥有 8 亿多忠实用户；上线网络游戏，取代了联众、盛大、网易等大佬；推出电子商务，让马云、王志东等前辈如芒刺背。在中国互联网业，跨界经营的企业很多，却没有一家企业能像马化腾这样在各种业务线上同时领先其他企业。马化腾是如何做到的呢？他说："我不争第一，没意义。新产品一出来就要保证稳定，不能想怎么改就怎么改，要慎重。"

而这个"慎重"就是先做最有把握的事情，没有把握，宁可不做。如果腾讯的步子迈得再大一些，业绩会比今天更大。对于这种评论，马化腾不以为然，仍然信奉"先做最有把握的事情"的哲学。

“是不是具备这个能力，能不能干成？”在开始每一个新项目时，马化腾都要求自己及开发人员搞清楚这个问题，如果没把握，宁可不做。马化腾的风格是一遍一遍地翻看底牌，如果没有赢的可能就放弃。

腾讯在新项目方面从未走过弯路，这与马化腾的行事风格有很大的关系。腾讯没有选择在纳斯达克上市最能说明问题。当时，大多数人建议在中国香港，少数人建议在纳斯达克，还有一部分人建议两边同时上，令马化腾头疼不已。但他最终选择了在中国香港上市，尽管平均市盈率要比美国低，但成功的把握会更大一些。这样的选择更符合马化腾的风格。

现在看来，这个选择是正确的。自上市以来，腾讯的股价一直是步步上升，远高于在美国的网易和新浪。巨大的收益率曾让丁磊也蠢蠢欲动，想到中国香港去炒腾讯的股票。

同样，在业务扩张方面，马化腾不会盲目冲动做决定。关于向哪项业务进军，腾讯公司最高领导之间的观点并不统一，例如在决定是否做电子商务、搜索、门户网站等方面，争论最为激烈。当大家你想说服我，我更想说服你的时候，马化腾会和同事发生冲突，经常是先拍桌子，后摔门而去。

当时，微软的 MSN 开始登陆中国市场，这让同行的几家互联网企业都上到了微软的这条船上，纷纷把枪口对准了腾讯。因为即时通信对用户有着邮箱、游戏等充满诱惑的黏性，这让马化腾感受到了腾讯成立以来的最大危机。

的确，进军电子商务肯定要抢占行业的最高山头，因为这一行业毕竟是一个新兴的业务，前景广阔。如果进军门户网站的话，搬不走横在腾讯面前的三座“大山”——新浪、搜狐和网易。但马化腾认为：“正是由于门户网站和休闲游戏是中国互联网业最为成熟的业务，无论从人才和用户上都比电子商务更有优势，因此做起来相对更有把握。”于是，马化腾把曾在网易、TOM 做过内容总监的孙忠怀挖到了腾讯公司，开始筹建 www.qq.com。并且，推出游戏平台，致力于棋牌类休闲游戏的开发。仅一年时间，凭借强大的 QQ 用户规模，QQ 游戏最高同时在线人数达到了 100 多万人，成为最大的休闲游戏门户，短短两年半时间，www.qq.com 也成为流量最大的门户网站，如图 8-1 所示。

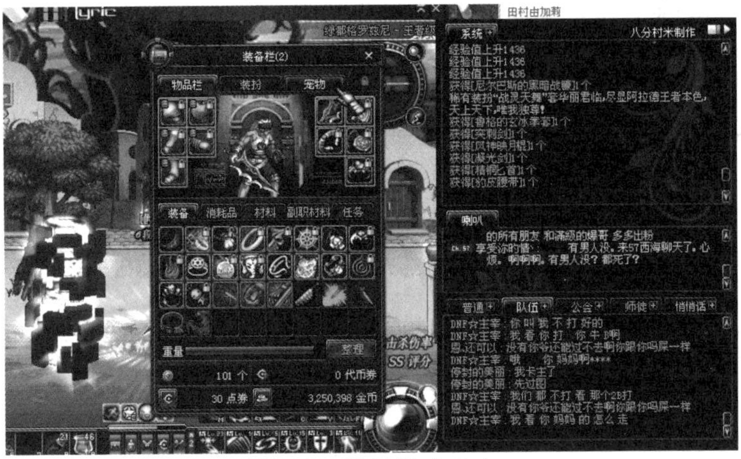

图8-1　腾讯游戏平台

当百度的搜索业务称霸于互联网行业后，清醒过来的马化腾也加紧研发，一段时间后就推出了搜搜网、拍拍网。

毋庸置疑，马化腾的这种处事风格会让腾讯错过更多的发展机遇，但却保证了腾讯稳稳当当地一步步向前发展着，这对于腾讯来说是至关重要的，特别是在瞬息万变的互联网行业。

当然，也有人对此大为不满。“马化腾是互联网最无耻的抄袭者，他是毫无顾忌地、公开地抄……”王志东丝毫不忌讳对马化腾的不满。

如果在百度搜索中输入“腾讯”和“抄袭”两个关键词，显示结果是22万条，这从另一个方面说明互联网行业对马化腾的看法。对于“抄袭者”这个骂名，马化腾不以为然，在互联网行业领域就是这样，优秀的东西难免会被模仿。

丁磊曾对互联网企业发展有过这样一句论断：“做企业不是比谁动手早，而是比谁活得长。”这句话好像是专门为马化腾说的。其实，任正非在《华为的冬天》一文中早已有过这样的论述。

当然，马化腾也经历过苦涩，邮箱业务上线没多久就夭折了。当时，马化腾觉得它很简单，无须大动脑筋，弄一弄就上线了。尽管注册者众多，但因为竞争太残酷，看不到盈利模式点在哪里，导致邮箱业务根本无法正常运营下去。

吃一堑长一智，这让马化腾意识到自己“必须做有把握的事情，没有把握的事情宁可错过也不做”。也就是说，模仿是可以的，但要在模仿的基础上进行一定的创新。因为能够让客户掏钱的不是发明或技术，而是能带来便利的产品和服务。因此，马化腾不再盲目创新，最好的办法是先向最佳案例学习，然后想办法超越它。其实，QQ的出台就是马化腾“抄袭”理论最有力的诠释。

有些互联网公司告诫同行：精心开发出来的新项目，一定要防备腾讯在后面趁机模仿，因为它拥有海量的用户群体，要来抢占你的市场，也是时间早晚的问题。TOM网的董事长曾经说：“那么大的活跃用户群，插根扁担都开花。”的确，拥有大量用户的互联网企业很多，像游戏、邮箱、门户都拥有大量的用户，但能够成功复制其他业务的却几乎没有出腾讯其右者。

在互联网行业行船，马化腾一直坚持“后发”的信念。在决定向某项新业务进军的时候，怎样把企业自身的学习周期与该产业的生命周期进行协调，做到比较稳妥地扩张，促使企业现在的业务与未来的扩展之间找到平衡。例如，当阿里巴巴想到开发 C2C 的时候，腾讯也想到了这项业务，但直到淘宝大功告成，腾讯才上线自己的拍拍网。

没有什么是永恒不变的，互联网行业更是如此，得意总是短暂的，没有谁敢说自己的花能红百日。那些昨天还风光无限，今天却衰落失败的真实故事，一直在互联网行业不停地上演着。成为行业的老大后，从模仿别人变成被别人模仿，这对于马化腾来说无疑是一个考验，因为总有一天“模仿”会没有对象。

马化腾在互联网行业被形容为“.com 公敌”，“看来，中国互联网行业里的钱还是太多了，大家都资金过剩。”在马化腾的调侃话语中，隐藏着一丝不易被人察觉的无奈，毕竟腾讯需要他操心的事情还有很多。

重视对产业上游价值的发掘

美国商界有一句名言：“愚者赚今朝，智者赚明天。”一位优秀的企业家，一定会用大量的思维去思考将来该如何去做，并不失时机地发掘或改进企业的产品和服务，满足客户不断出现的新需求，使自己所推出的产品和服务在市场中遥遥领先。而在移动互联网行业中，认识到产业上游价值的重要性就是一种真知灼见，因为这是大多数互联网从业者必须认真对待、及时跟进的业务方向，忽视对产业上游价值的发掘将使自己进入死胡同。

2010年，马化腾在中国企业领袖年会上发表了主题为《关于互联网未来的八条论纲》的演讲。其中讲道："互联网的发展时间其实很短，是一个新鲜事物。任何一个新鲜工具出现的时候，总会引起很多关注，并且风靡一时。但是这个阶段过去之后，新鲜感会逐渐丧失。但是，它推动了社会的重塑，创新的力量将会排山倒海般到来。这个转折点的标志就是每一个人都能熟练地使用互联网这个工具。

"客户端不再重要，产业上游价值将重新崛起。回顾过去，很多人认为腾讯成功就是因为有了一个QQ客户端软件，它可以帮助我们能够非常便捷地接触到用户，手中有了很多用户，自然推什么产品都可以成功。这实际上是一个渠道，我们能够轻易地通过这个渠道接触到用户。但是在未来，我们感觉这个优势，或者说这种情况将不再存在。

"我们这个行业与传统行业存在着很多类似之处，比如家电行业的渠道非常强，以至于一台电视机厂家大部分的利润都给中间渠道盘剥掉了，很多厂商是在为非常强的渠道'打工'，比如给国美、苏宁打工。渠道强势在很多行业的发展过程中都出现过，不管是电力、铁路，还是自来水，无一例外。

"但是我们想强调的是，在互联网行业中，这个渠道强势时代迟早要过去。简单地说，价值链在互联网产业中正在往上游转移。也就是说，如果未来人们只依靠你的客户端，那这个企业将会步入重大危机。”

微软公司发出“将于2013年3月15日正式关闭即时通信服务MSN，除中国大陆之外的全球用户将被转至Skype”的通告之前几个月的时间，有位网友抱怨说：我的MSN上有几百个好友，但只有几个人在线。造成这种情况的直接原因是，微软在中国失败了，很多用户都离它而去了。

这款通信软件是微软在1995年8月24日上线的，后来随着Windows95一起发布。2005年5月，微软和上海联和投资有限公司共同成立了一个合资公司，MSN也随之来到了中国，并实现了门户网站与即时通信工具的融合。也是在这一年，国内许多高校的大学生和企事业单位的年轻职工成为中国第一批MSN用户。有一位网友回忆说：“工作以后，我发现公司中不管是领导还是同事，他们用的都是MSN，它几乎成了员工必备的办公工具。”但在2012年年底，中国的一些企业不得不中断了在MSN客户群上的业务联系，改用传统的电子邮件和电话联系业务。

目前，中国已经没有几家企业在使用MSN了，它在中国的个人用户中早已流失殆尽。从风行全网到铩羽而归，MSN在中国短短七八年的时间就走到山穷水尽的地步，即使是来自微软的“皇亲国戚”也无法避免惨败的结局。

MSN的关闭表明，渠道已经不再重要，内容才是王道，这足以证明马化腾的远见。2010年年底，马化腾在其发表的题为《关于互联网未来的八条论纲》的演讲中曾说过，渠道在很多行业的发展过程中不再占有优势，稀缺性的内容将最终获胜。

分类信息、MSN、微博等拥有的渠道并不具备长久的优势，却是游戏、视频、图片下载等模式应用救活了大批门户网站，同时，一旦发现有更好的、获取新内容的地方，用户会马上涌入这个地方，流量随之下降是常有的事。

因此，拥有再多渠道不如在内容上做出创意，也是自然的事情。媒体作为开放平台的优势在于能吸引更多的优质“内容”制造者参与进来，如开心网为留住用户不断增加新的应用，新浪微博为留住用户不断发布新的“活动”和“插件”等。

人们一直对腾讯持有偏见，认为腾讯的强项就是拥有 QQ，因为有海量的用户在支撑着它。其实，马化腾在很早之前就意识到渠道的作用会消失，于是全力打造产业链的价值源头，一直努力为广大用户提供更优质的产品和服务。

重视对用户的深刻洞察

互联网企业的产品和服务大多存在于网络之上，在产品和服务还未开发出来的时候，很多用户其实都不知道自己需要什么，只有在以后的实践中，用户才能表现出对这款产品和服务是喜是憎的态度。

从某种程度上来说，互联网的产品要想取得成功，会比传统产品更难。但这并不表示互联网的产品和服务不需要进行用户调查，不需要去理解用户。相反，循着某些路径，互联网企业同样可以深刻地洞察自己的用户。

腾讯自 2003 年进入网络游戏行业，在发展了 5 年以后，于 2008 年进入爆发期，真正赚到了网络游戏中的第一桶金，也掌握了网络游戏的研发规律。在这个过程中，腾讯发现，网络游戏的玩家中，除了我们熟知的年龄、性别、地域差异以外，竟然有 87% 的玩家喜欢漫画。这是一条隐性线索，顺着它继续挖掘，腾讯再次发现，不少漫画爱好者又是文学的重度爱好者。于是，腾讯开始意识到，网络游戏的玩家，同时又是漫画爱好者和文学爱好者的可能性也很大。顺着这条用户需求的路径，腾讯开发出来的很多产品都深受用户喜爱。

例如《斗战神》，腾讯在开发这款游戏之前，首先对用户进行了深入的调研，将西方魔幻题材的设想排除在外，而决定采用中国人熟知的传统题材。而中国人熟知的神话题材中，当属《西游记》最具人气。为此，腾讯花重金请来了在网络文学上火爆一时的《悟空传》的作者，让他全权设计这款游戏。同时，腾讯又搭建起一个文案策划小组，在《悟空传》原著的基础上又延伸出了大约 300 万字的情节。通过这些手法的运作，《斗战神》刚一推出就异常火爆，如图 8-2 所示。

图8-2 《斗战神》界面

腾讯以产品见长，而这些产品的背后，无一不是以用户需求来驱动的。

腾讯对于用户的深刻洞察，可以理解为三个阶段，分别是成为用户、懂得用户和超越用户。

成为用户很简单，它要求互联网企业的员工能够每天都抽出一些时间来体验并感受自己的产品。这个要求虽然很简单，但却很少有企业能够重复做到这一点。一般来讲，产品经理只想把自己的意愿强加在产品上，希望这个产品是他认为用户需要的产品，而忽视了用户并不等于他自己的观点。

因此，优秀的互联网企业都有一个规定，让自己的员工成为用户。只有这些员工忘掉自己的身份，去实实在在地体验产品，才能感知产品的好坏，发现产品的问题，找到用户的痛点，从而对产品进行更好的处理。就像滴滴出行的员工经常需要自己去扮演乘客，体验乘车的感受，共享单车的管理者也会经常在各大城市中自己骑上一辆单车一样。

腾讯的绝大多数产品，公司都会将它们放在腾讯的内部平台上，让员工们试用。在整个试用过程中，这些产品的开发团队会收到各种各样的改进建议。腾讯提倡的是，全员皆用户，全员都是产品经理。

成为用户是基础，懂得用户才是关键。

腾讯的员工在进入公司之初，一般会被安排在客服部门接听用户电话。目的就是让员工了解用户的多面性和复杂性，这种复杂性，也必定是员工们以前从未遇到过的。在接听电话过程中，很多员工不得不面对一些看似非常简单，例如“什么是浏览器？”“我应该如何付款？”“我应该如何修改密码？”等。

但是，这些问题又都需要认真面对。员工不是用户，如果不能真正地面对用户，就不会知道用户需求的点在哪里。即便这些“小白”的问题，如果真的有很多用户在询问，那就是需要改变的，需要优化的，它不以员工自己的认识为转移。事实上，就算是高端用户，也更喜欢用简单、直接的思路去使用产品。腾讯的张小龙曾说：“乔布斯可以1秒就变成小白。”他的意思是说乔布斯可以瞬间让自己站在“小白”的角度上去看待一款产品。如果这款产品能让“小白”都没有疑问，那它无疑是成功的。

腾讯还要求自己的产品经理每周至少要在网络上看1000篇帖子、100篇博客，做10个用户调查，这就是著名的“千百十”法则，它看似非常简单粗暴，但对于腾讯的产品经理了解用户的需求却十分实用。腾讯的产品经理被要求主动出击，而不是坐在家里等待用户反馈，这也是腾讯重视用户，以用户需求为出发点的具体表现。

在腾讯内部，如果客服接到一个不常见的投诉问题，腾讯一般要求由产品经理来代替技术人员和用户进行沟通。这种做法不仅是解决问题，而是能够更深层次地挖掘用户的需求，对于产品的开发有直接好处。因为产品经理会比技术人员考虑得更加周详细致，他会思考产品设计是否合理，对用户的引导是否足够等各种各样的问题。有很多企业遇到投诉，仅仅是让技术人员去和用户沟通，结果问题是解决了，但用户的需求却被忽视了，下一次还可能触发同类型的问题。

因此，腾讯的产品经理是非常有竞争力的，也有很大的发展空间。腾讯每个季度都会有一个战略会，每次战略会腾讯都会挑选一些产品牛人给产品经理们分享成功的案例。他们的产品经理随时都保持着体验产品的能力，由此形成了腾讯独特的产品经理文化。现在在腾讯的200多个事业部总经理中，大多数都是产品经理出身。

超越用户期待才是成功的客户体验。马化腾曾经说过："年轻人在互联网上喜欢的东西，我越来越看不懂，这是我最大的担忧。美国的Snapchat非常火，12～18岁的女生特别喜欢玩，但我自己用起来却觉得没什么意思。可能是我在这个行业里太久了，变得不接地气了，不知道现在的年轻人喜欢什么了，这是我觉得最可怕的。每天早上醒来最大的担心就是不知道以后互联网主流用户的使用习惯是什么。"马化腾认为，即便现在腾讯的QQ和微信非常火爆，但并不表明它会一直火爆，一直受到用户的喜欢。

因此腾讯特别强调两点：一是不要以为自己很懂用户，二是用最深层次的需求吸引用户。

当初开发微信时，微信团队领导人张小龙并不明白微信最吸引人的地方在哪里，他不知道，是免费发图片、发短信，还是可以直接进行语音留言。有一次聚会，张小龙给现场的女生介绍完微信的上述主要功能以后，令他始料未及的是女生们对这几个功能竟然毫无兴趣。直到他说到微信"摇一摇"时，女生们的眼里才发出了奇异的光芒，并且迫不及待地安装了微信，如图8-3所示。张小龙这才意识到，产品吸引用户的地方有很多的时候，并不在你的设定之内，而在你的设定之外。如果腾讯只是依靠"懂得用户"，他们很可能会取消"摇一摇"的功能，而通过更深层次的"超越用户"，才能发现那些连用户自己都不知道的诉求。

图8-3　摇一摇

在对的时间节点，做出对的布局

2013 年 11 月，马化腾在与中国企业家俱乐部理事的对话中谈道："在移动互联网时代，一个企业看似牢不可破，其实都生存在危机中，稍微把握不住这个趋势的话，就非常危险，之前积累的东西就可能灰飞烟灭，但如果把握住了趋势就可能势不可当，这是我的一个感受。"

同年，马化腾在中国（深圳）IT 领袖峰会的讲话中也提到：

第一，要尽早做决定。当有一个新的商机出现的时候，你可能很难判断它到底重不重要，也无法决定是试探着做还是交给谁做。当时微信产品被提出来的时候，三个团队都想做，但是每个团队的动作和投入度都不一样。最后两个团队都做了，而且产品都一样，都叫微信。

第二，当出现问题时，我们要迅速做出决策，组织架构要灵活。我们在 2012 年 5 月 18 日和 2013 年年初做了两次变革，2012 年变得最厉害，今年也要调整。时代的发展和移动互联网行业的变化逼着我们只有改变组织结构才能适应今后的发展，这是最重要的。

第三，在产品攻坚期，全体人员必须全力以赴。腾讯公司的产品在成型决策期，是最关键的一段时间，公司全部的高层领导都要参与其中，每天工作到凌晨，如果发生哪些异常的问题，立刻进行修改，在这个过程中的时间是最为宝贵的。在产品攻坚期速度至关重要。腾讯在此阶段一直强调要快，要及时纠错，这也是很多 IT 企业的做法。如果这个时候不能及时纠错，后果不堪设想。失之毫厘，得到的结果就会差之千里。

时机即是市场机遇，它是企业在市场竞争中偶然出现的机会。在空间上，它表现为某个特殊节点或某种特别的现象；在时间上，它表现为某种特殊的时刻；在发展趋势上，它则表现为某种转折点。引申到市场竞争中，时机更多地表现为可供我方利用的或者竞争对手和我方均可利用的偶发性有利因素。

遥想当年，腾讯计划涉足门户的时候，公司很多领导者反对马化腾这个不明智的举动，理由是有风险，而且腾讯并不具备这样的人才力量和技术能力。对于公司其他人员的坚决反对，马化腾还是坚持自己的想法，他说了一段话，让腾讯公司所有管理者哑口无言：腾讯的优势就是大量的用户，如果我们没有一个用户黏性超强的平台，把这些用户尽可能地黏住并且产生关联，就很可能失败，所以我们必须向门户网站进军。

作为与马化腾共同为腾讯打拼的创业者之一，又身兼首席运营官的曾李青，在听完这段阐述后，彻底被马化腾的分析折服了，他在那一瞬间感受到了马化腾散发出来的睿智和坚定，于是，他投了赞成票。最终，董事会以全票通过进军门户网站。

而涉足拍拍（腾讯的在线拍卖网站，现已被京东收购）的时候，上演的戏码几乎出自同一剧本。那时候，腾讯有一个专门做企业级即时通信系统的部门，运行了一段时间后，马化腾发现这个部门很难维持下去，似乎到了举步维艰的程度。例如他们到一些地产公司或者银行去谈合作事宜时，发现这些公司用户都在使用 QQ 进行内部沟通，根本用不上企业级的即时通信系统。

所以，马化腾决定裁掉此部门，去开发新的项目。当时，腾讯公司的战略发展规划部提交了两个方案，一个是人才招聘；另一个是在线拍卖市场，还提出了这样的建议：如果进军人才招聘市场，投入不大，回报很稳定，但市场空间可见；如果进军在线拍卖市场，必须有大投入，而且要做好打消耗战的心理准备，只有这样才能赢得市场。

“那时候，大多数人，就是 99% 的人希望向人才招聘网站进军。但是，马化腾与公司一位高管的意见是必须进军在线拍卖市场（即后来的拍拍），他们的计划是：尽管进军在线拍卖市场看不到利润点在哪儿，公司会因此投入大量的资金，但可以提升 QQ 用户的黏度，能够更好地与这些用户产生关联，因此必须向在线拍卖市场进军。”腾讯公司的一位高管回忆。

时机并不会等人，只要马化腾看准了时机，就会毫不迟疑地采取行动。他并不会因为海量的 QQ 用户群带来的无线收入而止步，也不会因为虚拟交易服务带来的创新性收入而停止前行，更不会因为休闲游戏市场的绝对领导地位以及在大中型游戏市场中的可观收益而放弃攻城略地，而是继往开来地开拓着腾讯从未涉足过的领域。

腾讯的投资、并购和合作

2008 年，美国爆发次贷危机，引发了全球性经济衰退。尤其是欧美等一些国家的大批企业纷纷倒闭，导致大量人员失去工作，流浪街头。

尽管当时全球都在上演经济危机大戏，但是马化腾却有另一番解释，他认为，虽然全球经济一片衰退现象，而且根本没有好转的迹象，可对互联网不同业务板块的影响却各不相同，整体来说，中国的互联网依然保持着强劲的增长势头。

经济危机对创业型互联网企业影响最大，对此，马化腾表示："只要企业能坚持下去，未来几年还有机会重新振作起来。创业型企业一定要抓住这个稍纵即逝的机会。"一些岌岌可危的企业正在向死亡迈进。马化腾已经开始观察，并用心寻找那些可能与腾讯平台结合的技术型创新企业。他认为，此时观察并购机会，同时进行战略布局对于保证腾讯公司以后 20 年的行业地位起着至关重要的作用。

当然，腾讯也不是一味地扩张，任何并购行动都要以进一步拓展对业务发展有帮助的领域为基础。腾讯 2009 年第一季度财报显示，截至 2009 年 3 月 31 日，腾讯公司的净利润同比增长了 94%，总营业收入也从一年前的 5.42 亿元人民币增加到 10.5 亿元人民币。但马化腾并不想把这些资金放在银行里生息，而是用在拓展事业规模上，“腾讯公司一直在对那些有发展前途的企业实施并购，以确保公司能够继续在激烈的市场竞争中保持稳定性。收购对象主要是互联网行业的内容提供商，如手机游戏、网络游戏的开发商等，交易规模从数百万至数千万元人民币不等”。

在腾讯公司扩张规模过程中，马化腾那一贯的谨慎风格彻底展现出来。他说：“一旦有合适的机会出现，我们必须先尝试着跨出一个虚步，看看脚下是不是比较坚实，如果没有问题，我们再大步走出去。”紧贴市场潮流始终是腾讯进行布局所遵循的逻辑，但市场不是一成变的，那些大型的互联网企业要及时抓住瞬间出现的新市场机会，并接受新商业模式的不断挑战，有选择地将长期、中期和短期业务关联、组合和布局。

马化腾说过：“腾讯将积极拥抱未来的机遇与挑战，并进入一个新的投资周期。”截至 2017 年，腾讯除了持续投资现有业务，还在微博、电子商务、搜索和网络安全等一些新的战略领域，进行了大量的投资行动。

马化腾一边进行着腾讯规模的扩张，一边观察着有哪些适合腾讯公司涉足的新行业。

当国外的微软、雅虎、Google，国内的搜狐、新浪、网易等互联网企业在搜索引擎方面忙得不亦乐乎之时，坐在岸上观看潮起潮落的马化腾再也坐不住了，他知道机会就在面前，他懂得如何去把握。

当初，腾讯进军搜索领域，推出腾讯 SOSO。但鉴于自身技术的原因，采取了与 Google 合作的方式。Google 承诺为腾讯公司的腾讯 SOSO 提供技术支持，以帮助腾讯 SOSO 提高搜索网页质量，以及帮助腾讯 SOSO 培养客户的搜索习惯。

有 Google 的大力支持和帮助，腾讯公司认为自己如虎添翼，马化腾在公司全体员工大会上表示："公司今天将加大对搜索引擎的投资力度，我希望腾讯的腾讯 SOSO 能够在未来一到两年内做到国内前三。"马化腾希望腾讯 SOSO 能够复制腾讯门户网站的成功模式，把腾讯海量的 QQ 用户复制到腾讯 SOSO 上面，实现腾讯 SOSO 快速增长的战略意图。

关于腾讯 SOSO 的定位，马化腾认为，腾讯公司开展搜索业务板块的方向应该是在如何满足用户社区化、个性化、精准化三个方面的需求，同时马化腾非常了解，社区和娱乐将是中国互联网发展的重点。因此，腾讯 SOSO 也要把握好这个重点。

根据美国某著名公司的一份市场调查显示，百度和 Google 在搜索市场的占有量持续增加，而腾讯 SOSO 的请求搜索量只占到了 4%，可见，腾讯 SOSO 要想获得广大用户的认可，还有一段相当长的路要走。尽管如此，腾讯 SOSO 却在在线回答问题方面取得了重大的突破。百度知道是百度的一个精品栏目，该栏目依靠网友的海量知识来回答人们提出的问题，例如有人提问："谁是马化腾，他是干什么的？"就会有网友主动回答这个问题。

百度知道这一搜索功能推出后深受网友追捧，不管网友提哪方面的问题，基本上都会有人给予回答。此时，马化腾再次启用了模仿的能力，立即在腾讯 SOSO 上加入了搜搜问问，这一次腾讯 QQ 所绑定的海量用户起到了一定的作用。与百度知道回答问题没有奖励的方式不同，在腾讯的搜搜问问上面回答问题是有积分奖励的，而这个积分奖励可以直接在腾讯网站上兑换其他需要花费积分的产品，比如可以转化成游戏币。这项措施无疑对广大网友起到了激励的作用。

结果腾讯的搜搜问问上线仅一年多时间，已解决的问题达到了 6200 万个，问答总量更是突破了 2 亿大关。相比百度知道，它回答的问题是 4200 万个。从速度方面来看，腾讯搜搜问问回答一个提问少则 10 多秒，多则几分钟，而百度知道则需要几个小时。并且，搜搜问问每天新增问题量 200 万个，超过 600 万的网友在这里寻找或提出各种问题。有的网友为了获得积分，简直成了回答问题的专家。

搜搜问问的优势也逐步转移到了腾讯网站上面来。有人认为，由于谷歌不了解中国市场，所以不是百度的对手，而腾讯 SOSO 才是百度搜索的主要对手。

互联网新时代，寻找自己的发展机会

随着互联网的发展速度越来越快，用户数量变得更加庞大，而作为一家互联网企业，该如何从中寻找自己的发展机会呢？

马化腾在 2014 年世界互联网大会上表示：互联网对人、服务和硬件的连接才刚刚开始，腾讯要与尽可能多的伙伴一起合作，这样才能打造一个更高级的互联网生态，而腾讯的生态也将是一种更开放的生态。目前，腾讯已全面进入开放阶段，QQ 空间已成为中国领先的开放平台，为合作伙伴提供了海量用户和巨额利润分成。

其实，马化腾在2013年5月发表于《新商务周刊》上的文章就说过：在互联网领域，最早做开放平台的是Facebook，之后苹果的App Store实现了“软件+硬件+服务”的结合，再开放给开发商，这个体系非常成功，也很有生命力。这两个案例是全球的经典案例，让很多国家的本地互联网服务提供商都开始思考开放。

但当时全世界没有一家网络公司开放过即时通信平台，我们发现用即时通信转向开放这条路难走，但也发现一定要走，不走就没有前途。任何一个大的互联网企业发展到一定程度都会思考开放的问题，这不是选择题，而是必然的趋势。

并且，马化腾在谈到“互联网新时代的晨光”时也说过：一个新的互联网时代即将到来，这将是一个鼓励分享、平台崛起的时代。靠单一产品赢得用户的时代已经过去，以渠道为主的传统思维已不再适应时代的发展。在新的时代，如果还背着这些包袱，那就等于给波音787飞机装了一个拖拉机的马达，想飞也飞不起来。如何铸造一个供更多合作伙伴共同创造、供用户自由选择的平台，才是互联网新时代从业者需要思考的问题。

这个新时代，不再信奉传统的弱肉强食的“丛林法则”，而是更崇尚“天空法则”。所谓“天高任鸟飞”，所有的人都将在同一天空下，但生存的维度并不完全重合，麻雀有麻雀的天空，老鹰也有老鹰的天空。决定能否成功、能获得多大成功的是自己发现需求、主动创造分享平台的能力。

在这个平台上，用户将是内容的主导者、分享的提供者，每个用户的知识贡献、内容分享是这个平台赖以成功、赖以繁荣的重要保障。少数人使用廉价的工具、投入很少的时间和金钱就能在社会中找到足够的创意，找到 5 年前没人能够想象的资源。任何有意打破这种现象的行为都将受到市场的惩罚。

马化腾认为，一个全新的互联网时代已经到来——鼓励分享、平台崛起。与过去不同的是，这个新时代体现出来的就是天高任鸟飞的“天空法则”。

这与大多数互联网公司都想“开放”非常相似。

“开放”本来是自由软件运动的关键词。尽管软件的自由创造在客观上带来越来越多的免费软件，但是自由不等于免费，自由软件运动的真正目标是生产出越来越多、越来越优质的软件，而不是让用户拥有免费软件。那么，如何实现软件的自由创造呢？开放源代码是根本。只有开放，才可能让无数有创造力的个人和企业参与到软件研发中来，而不是被追求利润的企业剥夺生产软件的机会。垄断的结果是为数极少的巨头的繁荣，其代价是软件创造的枯萎。

从 2011 年开始，一些大型互联网公司都开始将自己打造为开放平台，以吸引众多富有创造力的第三方开发者，从而满足海量用户的各种需求。

腾讯公司在 2006 年就开始实施开放计划，耗时 3 年开发成功的 QQ2009 被称为“第三代 QQ 平台”，在腾讯公司内部叫作“Hummer（蜂鸟）”，意思是轻灵。

在 2010 年 11 月，马化腾就曾表示，腾讯进入半年开放转型期，并在公司 12 周年纪念日（2010 年 11 月 11 日）当晚，马化腾再次强调了开放战略：“我们将尝试在腾讯未来的发展中注入更多开放、分享的元素。我们将会更积极地推动平台开放，关注产业链的和谐，因为腾讯的梦想不是让自己变成最强、最大的企业，而是变成最受人尊重的企业。”

腾讯的开放计划得到了同行业的点赞。有人分析说，腾讯能够从用户角度出发、满足网友日益增多的在线消费需求，同时也为第三方合作伙伴创造了更多的机会，给互联网行业吹进了一股暖风。

开放和自由的真正意义在于给用户、后来者提供成长的机会，与他们一起创造财富并实现共同繁荣，以持续提升整个互联网行业的创新能力。

自由和开放，对垄断者而言，无疑是敲响了一次警钟。那些垄断者之所以特别讨厌开放，是因为担心失去利润。对他们来说，开放就意味着自杀，所以他们总希望垄断、垄断再垄断，真正的目的就是消灭强大的对手。垄断者和深受垄断之苦的弱小者内心都有一个明确的计算公式，那就是“只有你死我才能活”的战争思维。只要这种游戏规则还存在，开放永远只是强者缓兵之计的说辞和弱者心怀叵测的口号。

如果没有一种范式转换和心智的蜕变，开放永远不可能真正实现。

正如马化腾所说：“参与分享的网民数量越来越多，力量越来越强大，互联网产业也会随之迎来‘核聚变’。原来我们所熟知的商业模式随时可能成为泡影。每一个从业者必须认识到，如果你不能学会主动迎接，不对这种网民自由参与分享的精神保持敬畏之心，你就会输得很惨。”

第九章 左手扩张右手开放，腾讯的生态平台建设

将手臂延伸到最有价值的领域

不可否认，腾讯最擅长的还是通信和社交平台，精明的马化腾自然也意识到了这一点。只有把握住这个基调，并把局布到其他相关的行业，腾讯才能保持在互联网的领先优势。

2014 年，腾讯开始把非核心领域交给擅长的人去做：把搜索业务交给了搜狗公司；把电商业务打包交给了京东。腾讯公司则为它们提供通信、用户认证和存储、分发的平台，即交易支付平台。

腾讯公司还入股了一批企业，其中包括 O2O、医疗、地产和媒体产业等。无论是出于自我保护，还是与对手抢占市场，腾讯公司多次主动出击，避免不进则退。

2014 年，腾讯出现了一个强有力的竞争对手——小米，其用户数量、黏性和智能终端的生态让腾讯感到非常不安。还好，能够与小米抗衡的有

效武器已经出现了，这就是从聊天软件到生态系统的微信。

刚开始时，张小龙对微信的定位非常明确："一个产品只能有一个定位，或者有一个主线功能。微信就是消息系统，它的核心就是人和信息，他们在系统里流转。"但是，不久之后的微信就变成了另外一个微信，它是电商渠道，是游戏机，是钱包，同时还是扫码仪和无数个简易版第三方App的集合。目前的微信定位是生态系统，是平台，是"森林"。

微信由"消息系统"变成"一个大集合体"，曾一度在互联网引发热烈的讨论。从一个原本简洁的微信到负荷如此之多的项目，是否能够继续走下去？为此，张小龙的解释是：一个产品能否生存下去，并不在于它有多少项功能，而在于它最终展现出来的，是不是用户最需要的。

其实，为了避免这种"不堪重负"，微信也做过许多尝试，如企业服务号需要你主动关注才可见，其余时间将功能隐藏起来。但是，目前的微信还是会给用户带来负面的体验："公众号""订阅号""服务号"谁能分得清？大众点评的入口为什么会藏在"我"选项下的"钱包"里？申请一个公众号需要经过无数道审查程序，为什么朋友圈里会有广告到处乱飞？

可以想到的是，从一个"消息系统"到一个"大集合的平台"，微信能否承载得住这次考验，是决定微信能否继续拥有海量用户的一个关键。

回顾2014年，腾讯的扩张更加透明。尽管每家互联网企业都会对腾讯的所作所为感受到前所未有的威胁，但更感到恐惧的是腾讯自己。这一年，腾讯与很多领域的顶尖企业进行深度合作，把不擅长的领域交给擅长的人去做，将手臂延伸到马化腾认为最有价值的领域。同时，在2014年1月，微信悄悄地推出了理财通，登陆互联网金融的海岸线。紧接着，春节的红包之战，让微信平分了支付宝培育起来的大量客户。之后，又投入了数以亿计的资金，教会了用户利用微信支付。到目前为止，微信支付已经成为大众在线支付的主要工具之一。

新媒体落户中国已经有几年时间了，但仍然是个鱼龙混杂的产业，专业性机构一般集中在科技创投领域；生活方式、财经、时政新闻则拥挤在千百万个微信公众号里，无法成为行业老大。腾讯希望强化自己在科技创投媒体界的专业地位，先后投资了美国 Business Insider 和 ReCode 等知名科技媒体的中国版权，并汇集到腾讯科技频道。有了这样的合作机构作为招牌，还担心没有更多的国外合作者加入？

视频企业间的白刃战仍在进行着，腾讯依靠强大的内容实力，再加上烧钱，开创出一条属于自己的出路。腾讯公司在 2014 年第三季度财报中特别提到，腾讯视频用户显著增加，未来将重新分配组织资源以更好地集中于视频及移动端。这一年里，腾讯视频移动端日均覆盖率增长了 5 倍，广告收入比去年同期增长了近 3 倍。

因此，网友们在 2015 年有幸看到腾讯公司的独家播放，包括《权力的游戏》《新闻编辑室》在内的 900 集 HBO 美剧，开设国家地理频道专区，直播 50 场线上演唱会，自制长达一年的真人秀《我们 15 个》……可以说，腾讯视频的最终目的不仅要成为大型内容播放平台，而是要从内容获取、内容分发和产业链各环节开始，打造贯穿上下游全产业链的格局。

马化腾担忧什么？电脑端的腾讯，还是移动端的腾讯？在浙江乌镇的互联网大会上，马化腾指出：“微信的力量并不如许多人想象中强大，许多人说腾讯已经拿到了移动互联网的船票，但在我看来还只是一张站票而已。”这番话并不是谦虚，从财务报表上得知，腾讯现在的收入有大半来自网络游戏，并且这个比例还有增加的趋势。

在2013年、2014两年中，互联网行业发生了翻天覆地的变化，人们上网的习惯从电脑端到移动端，就是在这段时间产生的。对于腾讯现在的状况，马化腾认为：“在向移动互联网的转型过程中，腾讯目前依然只是抓住了我们最擅长的通信领域和网络社区，在电商、搜索等电脑端互联网的领域上，有很多我们现在依然做不了。”

面对其他互联网企业的激烈竞争，不甘寂寞的腾讯也加入了这一行列之中。虽然大家都认为应用宝并不是腾讯公司的强项，但在这次征战中也被重新启用。腾讯公司整合了QQ音乐、腾讯微博等12个分发入口的应用宝，成为腾讯公司最集中的分发平台。

在移动时代一定不能被淘汰出局，这是腾讯最担心小米的原因。把控着手机入口的小米公司，拥有了先天优势。尽管7000万“米粉”与微信的4.68亿用户不在一个级别，但同时控制着软件和硬件的小米，比微信拥有更强的用户黏性和渠道掌控力。

为何QQ没有把控移动终端入口？也许大家都清楚，手机QQ的用户规模比微信大。截至2014年10月，微信和WeChat的合并月活跃账户数是4.68亿，而手机QQ是5.42亿。但为何在线多年、拥有海量用户的QQ没有把控移动终端入口？这得从QQ和微信的用户群体谈起。

QQ在各个年龄段都有大量的用户，小到小学生、大至中老年群体，都是QQ的忠实用户，年轻一代的就更不用提了；而微信在大中城市的用户量很大，但在其他城市及农村，QQ 和移动 QQ 更受欢迎。也就是说，QQ 在没有多少消费能力的用户中有很大吸引力。相对来说，使用微信的是那些有一定消费能力的人士，这让它可能成为腾讯未来发展的支柱。因此，尽管移动 QQ 用户在数量上比微信多，功能方面也与微信不相上下，但对腾讯而言，最具发展前途的还是微信。

同时，已经成为 BAT 之一的腾讯并不会忽视手机 QQ 的存在。2012 年 5 月，腾讯公司对其组织结构进行过一次大调整，QQ、QQ 空间和移动 QQ 三个事业部合并在一起。由于 QQ 和微信的定位不一样，移动 QQ 正从农村慢慢向城市蔓延。当初，马化腾还担心微信和 QQ 之间会发生竞争，从而导致其中一方失败。而事实是这对腾讯公司来说并不是一件坏事，如果微信和 QQ 之间发生竞争，反而会促进彼此的成长。

马化腾最关心的，应该是如何打造开放产业平台，成为移动互联网时代影响力最大的企业。前几年，网络游戏为腾讯带来了巨额利润，腾讯也开拓了从未涉足的很多领域。马化腾称在这个阶段“走了一些弯路”。于是，腾讯开始做减法。因为，在获得了规模扩张的同时，腾讯也失去了一些灵活性。创新能力的匮乏，敏感性的降低，是那些大企业普遍面临的难题，腾讯也出现了这样的问题。马化腾意识到了这个问题的严重性，迅速开展了内部竞争机制。尽管这个策略会导致一些资源的流失，但优势也是很明显的，这可以避免团队产生惰性，刺激内部创新。例如，微信就是腾讯内部竞争的结果，而不是诞生在原来的 QQ 团队里。

其实，腾讯近几年的成长还是很可观的，社交网络、移动互联网、电子商务等领域都先后涉足，并且新产品也争相推出。马化腾认为，谁能把握行业趋势，并首先满足用户的内在需求，谁就可以获得市场掌控权，这是互联网行业不变的法则。

永远不忘连接一切

腾讯就是变得再庞大，腾讯帝国覆盖的业务就算再广，它也无法涵盖我们生活的方方面面。但它海量的用户、充足的资金能力，QQ和微信两大引擎地位稳固，也使得腾讯有能力扮演互联网“连接器”的角色。腾讯的雄心是不仅连接人与人，还要连接一切。

腾讯有一个投资部和产业共赢基金，其目的是用资本手段实现产业间的连接，它除了帮助腾讯在商业利益上连接合作伙伴，同时也连接着腾讯和互联网行业的未来走向。

腾讯在2005年就创立了腾讯投资部，开始作为战略投资者对与其相关的产业进行投资和收购，“3Q大战”以后，腾讯又成立了腾讯产业共赢基金，希望通过产业投资的方式来实现共赢，从而摆脱腾讯在公众心目中“什么都做”的形象。

腾讯投资部负责人彭志坚表示，腾讯投资部的目的是“优势互补、前瞻布局”。如果一个企业什么都做，绝不可能把所有东西都做好，而且会特别累。通过投资的方式，则可以抓住有发展前景的产业，实现共赢。

2014年年初，腾讯入股大众点评就是一个最好的例子。一方面，大众点评不仅获得了腾讯的资金支持，而且获得了微信和手机 QQ 在移动端入口的红利，使得在与美团、拉手、窝窝竞争过程中获得了强有力的后台支持；另一方面，腾讯可以获得大众点评丰富的商户资源和在本地生活服务市场的运营经验，加上用户在手机上的购买能力提升，使得腾讯在抢夺移动支付的市场上又多了一份保证。

同时，随着腾讯入股大众点评，团购网站开始进入新一轮的竞争期。不同的是，团购网站以前依靠的是自身的能力，相互间进行竞争，而现在由于有更大的平台介入，使得在竞争中需要注意的事项更多了。

对于拉手、窝窝等团购网站，它们也不是失去了发展的机会。相比于全国性网购的电商网站而言，团购在一个区域的生存能力更强，一家团购网站在某个城市有着坚实的基础，不代表在另外一个城市就有同样出色的成绩，说不定还会由于水土不服而夭折。同时，因为区域性市场空间不同，市场越小越难同时养活两家以上团购网站，这对于团购网站来说保障了其生存的空间。

与此同时，腾讯也急于布局本地生活服务市场，这与团购网站的意愿不谋而合。而团购网站当然也想攀上腾讯这个高枝，或许找一个靠山比独自与其他对手竞争会获得更多的取胜把握。因此，腾讯和团购网站的合作就成了水到渠成的事。

其实，团购兴起初期，腾讯公司并没有盲目跳下赛场与团购网站进行竞争，而是通过投资某一家团购网站的方式进行外围观战。而随着团购网站彼此之间的竞争愈演愈烈，以及移动互联网的迅速发展，腾讯公司才决定进入，开始围绕“入口 + 商户 + 支付”闭环的本地生活服务市场 O2O

大平台进行整合。

腾讯拥有“微信＋微信支付＋手机 QQ”的综合平台，在流量端瞬间占据了巨大的入口，现在又入股大众点评，再加上之前的微生活，弥补了其在线下商户资源的不足，财付通和微信支付可以解决用户的手机支付问题。但腾讯公司现在缺少底层地图数据支撑，本地生活服务市场毕竟还是基于手机位置的服务，尽管腾讯公司有搜搜地图，但远未形成影响力。考虑到底层位置信息的重要性，腾讯公司未来很有可能以绝对控股的方式收购一家地图公司。当然，如果能与之前投资的搜狗地图合作，也将是一个明智的选择。

对于大众点评而言，腾讯的入股使之获得了腾讯的资金支持和最大的 O2O 入口。微信在用户和支付资源上的支持能为大众点评未来的 IPO 带来更大想象——用户量的增多。微信的便捷支付给大众点评的销售带来更高的转化率。本地生活服务的爆发力主要来自三、四线城市，而非一线城市，而腾讯纵深的用户层级有助于大众点评在三、四线城市的增长。

现在，腾讯的入股投资战略还在各个领域大力进行，投资摩拜单车，入股西山居、入股掌趣科技……种种动作让人眼花缭乱、应接不暇。

除了资本，腾讯也扶持“开放共赢”的创业生态，孵化一些创业公司，给创业者提供场地、租金、税收等各方面的优惠，同时将腾讯自身的服务植入其中。到 2018 年，腾讯的创业基地已经覆盖了全国 20 多个城市，布局 25 个产业园区，落户北京、成都、杭州、厦门、武汉等地。

“我们想做最底层，上面由传统行业自己搭载自己的逻辑，来应用在他们自己的领域，这里面的空间是无穷的，也是我们做不了的。每一行都很深，需要各行各业联系起来，才能发挥移动互联网的最大威力。而在这个基础之上，互联网将更大范围连接用户更深层的智能化、社交化需求，在电脑端、移动端、多终端，腾讯都能成为一个互联网连接器，一端连接合作伙伴，另一端连接海量用户，共同打造一个健康活跃的互联网生态，连接一切。”马化腾曾这样说到腾讯的雄心。

与合作伙伴一起打造互联网无疆新生态

“源创新”理论是斯坦福大学管理科学与工程系教授谢德荪（Edison Tse）发明创造出来的，他在自己的著作《源创新》一书中介绍了硅谷的创新模式，以及他提出的动态生态系统理论。

谢德荪教授认为，动态生态理论的核心是：在互联网时代，企业制胜的方式已经跳出了原有市场的竞争，变为随着信息的增加，如何有效地组合各方合作者的资源，来为各方合作者创造新价值，以此吸引更多合作者加入，从而形成一个有生命的生态系统，如图 9-1 所示。

中国很多互联网企业也渐渐认识到了“源创新”的重要性，纷纷想一展身手。如百度，2011 年 12 月 20 日，百度与戴尔共同研发，联合推出了第一款深度植入易平台手机，这一创举为通信行业注入了一股新鲜的活力。有人预测，云战略的提出可能会终结移动互联网行业的乱局，突破产业成长中资源分散和生态缺失的“瓶颈”，重新构建出一个全新的商业模式。

图9-1　2011年度腾讯合作伙伴大会

近年来，随着各类App应用纷纷上线，用户获取移动应用的需求大增，使行业内迫切需要推出一个统一的云OS平台，来聚合产业链上的终端、开发者和运营商等资源，促进移动互联网行业的健康、快速发展。因此，移动互联网行业各自为政、各霸一方的混沌局面被打破，一个开放、透明和健康的产业新生态正渐渐创造出来。

某媒体在采访马化腾过程中就曾提出这样一个问题：微信现在推出团购业务了，微信的商业模式接下来会如何发展？或者说在哪些领域会商业化？

他的回答是："微信商业化是大家很关注的一个问题。这一点，业界也有共识，海外其他类似于微信的产品比微信早发展了大半年，在增值服务，尤其是移动社交、游戏方面也有了比较清晰的商业模式。

“我们目前正在紧锣密鼓地研发，一定是用户体验比较好了我们才愿意发布。另外，我们也希望搭建一个开放平台，能够跟各类开发商合作，请他们提供更多的内容给我们的用户。

“在尝试O2O、微团购时，外界有很多声音，他们比我们还着急，帮我们想了很多点子，其实我们动作也没有那么快，这里面还是相当复杂的，因为涉及线上、线下的整合，是选择很多行业一起上，还是在一个行业里面垂直做深，都有不同的选择点。在这个过程中，我们也走过一些弯路，积累了一些经验和教训，但是我们还在努力拓展。

“我们更希望构造一个这样的通道和平台，它能连接很多商业模式，它的玩法多种多样，可能我们没想到的很多玩法都是用户自己创造出来的。我觉得最理想的方式就是构造一些很简单的规则和连接，然后将复杂的商业模式交给外面的合作伙伴或者个人来建立，让每个人都可以找到自己的用户群。我觉得这个生态会比较健康。

“如果说我们过去的梦想是希望建立一个一站式的在线生活平台，那么今天，我想把这个梦想往前推进一步，那就是一起打造一个没有疆界、开放共享的互联网新生态。

“我觉得这个梦想是非常重要的，所以最后我利用这个机会诚挚地邀请我们在座的所有合作伙伴，和腾讯一起携起手来，为了未来的梦想一起努力，为未来没有疆界、开放分享的互联网新生态而努力。”

2011年6月15日，腾讯在北京召开了以“开放共赢，成就梦想”为主题的合作伙伴大会。马化腾公布了一个数字——200亿元，这是腾讯2010年获得的全部利润。他明确表示，腾讯开放的第一阶段目标就是“再造一个腾讯”。这笔资金将用于腾讯和所有合作伙伴，尤其是国内的合作伙伴，协力打造出一个互联网无疆新生态的市场规模。

在腾讯的利润中，有40亿元是分给其合作伙伴的，这还不包括渠道的费用。当然，这个数字的大部分是分给那些大型合作伙伴，甚至相当大的比例是属于海外的合作伙伴和开发者。

马化腾表示，在其整体开放之后，期待有越来越多国内的合作伙伴和开发者可以分享这一收入。马化腾希望借此机会将此前把精力投向Facebook、苹果App Store的开发者“拉回国内”。

综观腾讯公司多年的发展，马化腾表示，腾讯的使命正在发生变化，同时也标志着它从确保自身经营成果提升到致力于整个产业生态环境的良好、健康和可持续发展的高度，也从“经营企业”转变为“保护生态”。

开放是一种态度，更是一种能力

愈演愈烈的市场竞争正在迫使互联网企业不断创新，不断实现新的战略转移。在此基础上，互联网企业对社会开放就是一条必经之路。

关于竞争环境这一问题，行业内的一位权威人士说：“竞争局势的改变，势必倒逼互联网企业进行战略调整。”如淘宝，电子商务行业的巨额利润驱使众多商家云集于此，他们都要瓜分网购市场。在淘宝网迅速成长的同时，残酷无情的商业竞争也令人心惊胆战，eBay惨败、谷歌退出中国以及京东商城、当当网等众多B2C网购企业不断烧钱、融资，市场生存环境的恶劣有目共睹。

更关键的是，在电商市场中，优秀的技术、充足的资金和巨大的规模都无法使企业高枕无忧。一旦诚信体系出现漏洞，对手就会得到反击的机会。激烈的市场竞争逼迫企业必须进行战略调整，以求更稳、更快发展。

在这种情况下，互联网企业必须开放。开放不仅仅是企业意愿，更是企业创新能力的体现。

马化腾在一篇文章中也写道："在移动互联网浪潮里，很多事情我们做不了、不该做，也不能做，要靠合作伙伴参与，我们已经成功地证明了这一点。两年半前，腾讯推出开放平台，那时候主要是在电脑端的QQ空间，我们做了QQ农场，但之后很快就退潮了，接踵而来的是众多合作伙伴的产品和社交游戏。

"我们内部团队想开发产品，近水楼台先得月，应该先做。但后来发现，开发产品的时间成本和社会成本非常高，而且，在我们平台上，前几名社交游戏全是外部合作伙伴开发的，没有一个是腾讯的。"

对此，有人向马化腾提了一个问题：对于未来的开放平台，您认为最大的挑战在哪里？

马化腾回答："开放不仅是一种态度，更是一种能力。从内部说，腾讯的业务线很多，组织结构也相对复杂，这就造成了开发者要分别面对我们不同的部门。一个月前，腾讯成立了组织委员会，由它负责对跨部门协调事宜统一进行处理。今后，开发者只要找组织委员会就可以统一解决问题。

“从外部来说，最大的问题依然是安全问题，我们对用户的账号密码、关系链和虚拟财产都是很谨慎的，因为只有保证用户的安全才可以往下走，因此我们不会随便让一个第三方应用在开放平台上运行，对于开发商的介入、接口资源、范围、频率和收入，我们内部都制订了分成分级，并且有完善的奖惩机制。

“2011 年，我们的开放平台已经打下了坚实的基础，在未来的一年里，我们需要夯实基础，稳步向前，摸索出更多行之有效的开放之路，让合作伙伴取得更大的成功。”

马化腾承认：对腾讯来说，开放不仅是挑战，更是机遇。唯有正视挑战、把握机遇，才是腾讯脱颖而出的坚实保障。

开放首先考量态度，腾讯曾受到外界对其是真开放还是假开放的质疑。在实施开放之前，腾讯连续办了十场“诊断腾讯”的活动，邀请了一百多位专家为腾讯“会诊”，用腾讯总裁刘炽平的话说：“腾讯就像被照了一次 X 光一样。”

开放是一种态度，是心态的调整。刘炽平说：“我们尽自己最大的努力，在最短的时间内对自己进行了调整，将整个公司切换到开放平台上。”开放的另一意义在于倾听。他表示，以前腾讯总是习惯于埋头做事，而在开放这个重大战略上，腾讯希望更多地倾听来自社会各界的声音。

开放同时也考验着腾讯的技术能力。

第一，安全监管能力。马化腾认为，腾讯最担心的是安全问题。其实过去几年，腾讯一直承受盗号的压力，最高峰的时候一天盗号 10 万个。腾讯的压力很大，担心其他网站对用户密码的泄露，甚至包括黑客用钓鱼网站来引诱客户输入账号密码，造成账号丢失。因此，在开放之前，我们做了大量的准备工作，如对账号异地不正常的登录，我们可以时时检测出来等。要把这个竞争功课做好，才能做开放平台这件事情。一旦开弓就没有回头箭，不可能中途返回。大趋势大家一直很认可，能做到什么程度就是能力问题了。

第二，关于用户的隐私问题。马化腾坦言，国内的 SNS 平台都是从即时通信演变来的。即时通信软件具有隐私性，不是一开始就能让我的朋友看见我朋友的朋友，基础不一样，为此需要花费相当长的时间才能把这个问题处理好。

第三，把坏事变好事的能力。马化腾认为，“3Q 大战”的正向作用挺多的，比如加快了腾讯内部统一思想的步伐，比如要改变做事的方式，更重要的是要保持对外的沟通，包括与媒体的沟通、与开发者的沟通。国外大公司大都很注重这一点，国内企业在观念上应当形成这种转变，在实践上更要落实这种转变。

对于开放平台，腾讯公司的一位高管在腾讯开发者大会上再一次表明了腾讯的态度以及做好开放平台的决心：

开放是一种能力，是平台的基础能力。这包括以下几个方面：

第一，“N 次方”的能力。腾讯的社区平台可以让开发者接触海量用户，有机会快速地聚集人气，在大平台上谋发展。

第二，跨平台的能力。多场景、多平台（QQ空间、朋友网、Q+、QQ游戏等）实现快速接入，移动互联网的时代已经到来，开放平台将来也有机会让更多的中小企业和第三方分享移动互联网带来的机会。

第三,一站式服务的能力。腾讯向开发者提供完善系统的服务，包括技术架构、支付体系、安全体系和客服支持等，这可以使开发者充分发挥所长，专注于用户体验本身，做出精品应用。

第四，打造精品的能力。开放并不仅是提供API（应用程序接口）让应用接入进来。除了基础能力的开放，腾讯公司也会基于自身所积累的数据深入挖掘用户需求，帮助开发者对应用进行改造和优化，使之真正满足用户的需求。

首先，腾讯陆续开放了地图、街景和音乐等业务平台，这就为合作伙伴在新领域开发优质应用奠定了基础。同时，腾讯不断积累社交资源，深入优化“邀请”“请求”“礼物”等功能，并继续新增“挑战”“召回”等全新功能，帮助开发商以更低的成本获得优质新用户，同时刺激用户活跃度，降低用户流失率，使开发商看到实际好处。

其次，平台的智慧。一个能够实现开放、与其他企业和平共处的企业才是真正强大的企业，它不仅有强烈的广结善缘的愿望，而且有能力带领整个行业营造可持续发展的、可循环的生态环境，有能力通过帮助别人成功而成就自己的商业模式，成为真正卓越的公司。

开放，离不开平台建设

腾讯、百度……这些成功的商业模式特点各一，却又惊人的一致，就是它们都是开放平台型企业。

马化腾认为，腾讯公司有很多开放平台，如 SNS（社交网络服务）的开放平台、Q+ 开放平台、微博开放平台、微信开放平台，如图 9–2 所示。微博开放平台和微信开放平台我们会整合。因为微信是通信工具，它还很难加载游戏，但未来会支持。现在微信还不怎么商业化，等稳定了再做。做的话肯定也是按开放平台来谈，商业化也是由现有的 BG（微信事业群）来谈，腾讯公司不会自己做。微博的媒体属性太强了。媒体属性的商业化是苦活儿，很难有爆发式的增长，我们要做也一起做，由 SNG（腾讯社交网络事业群）统一来承担商业化，共同探索盈利模式。

而在腾讯公司开放平台的经营涉及很多方面，这必然会遇到一些挑战，所以腾讯公司必须做好准备，积极应对。

马化腾说，腾讯开放是不可逆的，这扇大门一旦打开，就不会关闭。而且在腾讯的开放平台里面，合作伙伴绝不会受任何限制，合作一定是公平和透明的。当然，这个规则不可能一劳永逸，一定要不断优化，需要所有合作伙伴和腾讯共同打造一个最优的平台规则。

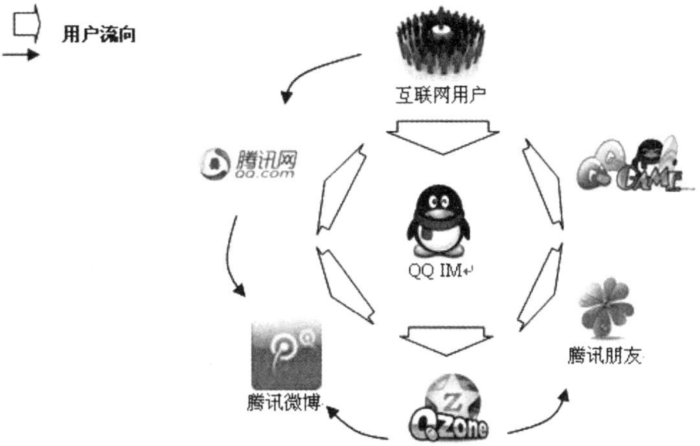

图9-2　腾讯的开放平台

腾讯首席运营官任宇昕曾说："腾讯开放的目标之一是与各个厂商实现合作共赢。"腾讯的开放是一种彻底开放，表现在以下 3 个方面：

第一，腾讯的所有平台都会陆续开放，微博、QQ 空间等平台都将加入开放阵营中。

第二，腾讯的开放没有任何限制，任何开发商、任何内容，只要合乎国家法律法规，都可以在平台上接入。

第三，开放对所有的开发团队（包括腾讯自己的）都一视同仁，绝不区别对待。

任宇昕还总结，未来是属于开放的时代，腾讯将致力于搭建起一个开放的舞台，期待国内众多开发商在这个舞台上有精彩的表演。

过去腾讯给开发者只是提供服务器空间，以方便管理数据并确保安全和隐私。但事实上，仅提供服务器空间对于开发者而言往往是不够的，怎样为其提供具备高度弹性，并应付可能突然出现的激增访问量的云环境开始成为腾讯的重要课题。

腾讯高级执行副总裁汤道生说道："一些移动应用的体验不够好，与电脑端的体验差距不小，这与网络环境和开发商的能力有关，甚至一些高收入、日活跃用户数（DAU）很高的开发商也有这类问题。因此，腾讯将通过云平台专门为移动开发商提供技术支持。"

其实，早在2012年11月，腾讯就为即将独立开放的云平台注册了域名tengxunyun.com，未来腾讯将提供各种类似亚马逊AWS的服务。对于中国的研发者来说，亚马逊的AWS的价格有些昂贵，腾讯云会比AWS更物美价廉。除此之外，腾讯将为开发者提供各种基于云的开发插件和工具，在这个过程中，开发者每次调用腾讯云提供的App开发插件和API，都能看到腾讯为其提供的基于App本身的用户数、增幅、活跃度、付费用户比例和App本身复杂程度等情况的分析，而这正是开发者和腾讯平台紧密地捆绑在一起的重要原因。

除了云平台服务之外，腾讯公司也将把开放平台从桌面延伸到移动互联网，为移动智能终端应用提供一体化的解决方案，即QQ账号登录、QQ关系链传播、应用中心一体化（有线+无线）。这也意味着继微信之后，腾讯的另一大平台将正式切入移动互联网。

行业专家认为："未来会是整合与分享的时代，企业要想取得发展和突破，首先就要有开放的心态。中国企业最善于模仿，那么希望互联网企业能将模仿进行到底，将国外开放和创新的精神'抄袭'过来，而不仅仅是技术的模仿和模式的山寨，更不能是平台架构和内容的照搬。除了资金与技术，模式创新与资源整合很重要，不创新就不会有出路。"

那么，在这样的大背景下，对于互联网创业者来说，腾讯平台的开放会带来哪些机遇和挑战呢?

第一，拥有巨大的资金支持。腾讯公司要打造一个规模大、成功的开放平台，扶持所有合作伙伴再造一个腾讯，而互联网创业者面临最关键的问题是没有资金支持。好项目谁来投资，找谁投资，现在这些问题都可以解决，腾讯产业共赢基金将为其提供资金。截至 2017 年 7 月，共赢基金的投资额已经突破 200 亿元，而且在持续增加之中。

第二，共享海量的用户资源。截至 2017 年 6 月，腾讯公司拥有 QQ 用户达 8.9 亿之众，彻底开放腾讯朋友、QQ 空间、腾讯微博、财付通、电子商务和 QQ 等平台，这意味着腾讯将开放相关平台的引流和接口，将相关用户流量和需求转向第三方合作方。并且，开放平台可以将产品推广和宣传成本降到最低。

第三，提供高质量的用户体验。近年来，中国的电子商务经历了一次井喷时期，在阿里、当当等门户网站都创造了一系列骄人的业绩后，比较保守的马化腾才想起向电子商务进军，他是看到前方的路已经没有陷阱的时候才开始行动的。而中国的电子商务市场包括 B2B、B2C、C2C 等类型，这几种类型几乎是同时起步的，只不过后来的竞争异常激烈，尤其是 C2C 市场，可以用混战来形容。腾讯公司在这方面却经营得有声有色。因此，为了更好地笼络庞大的用户群，腾讯开放了平台，让第三方企业去思考、开发、创新更多实用的产品。

第四，得到高利润的回报。在合作伙伴大会上，马化腾透露，现在每年有近 40 亿元人民币分给合作伙伴，而且合作伙伴一款应用拿到的单月最高分成已突破 1000 万元。随着腾讯八大开放平台的发展，腾讯将把相当于现阶段一年收入的200亿元分给在自己的开放平台上的各种第三方合作伙伴。如此巨大的分享空间，使那些互联网创业者都想从中分一杯羹。能够得到高回报是互联网创业者的动力。

第五，提前思考创新的商业模式。虽然马化腾一开始就特别强调，开放之后可以带来的产业值以及可以分享给合作伙伴的巨大利润空间，但目前腾讯开放平台的具体商业模式并没有成型，我们可以设想的是，开放平台对接第三方应用的多样化，可能是游戏软件、电子商务，或者整合一些服务资源的软件等。每个合作伙伴提供的产品性质不同，共赢商业模式也不可能相同，第三方互联网创业者应该提前思考自己的商业模式。

第十章　做最受尊敬的互联网企业

带来公益事业发展的春天

随着移动互联网的快速发展，大数据、云计算、物联网、区块链、人工智能、虚拟现实等技术的日趋完善，也为腾讯带来了公益事业发展的春天。

社会公益不是营利性企业，既不会花高价做电视广告，也不会去报社登传单，而腾讯则用低成本的微信为社会公益的传播插上了一双腾飞的翅膀，无须运营商管理，也无须开发研制软件，更无须建设和维护网站的大笔费用，就能够达到电视广告的宣传效果。

微信是在智能手机上应用的，符合民众获取信息的习惯，富有亲和力，容易获得民众对社会公益的情感认同。重要的是，微信是将现实中复杂的人际关系与虚拟的网络联结，基于人们对朋友圈中好友的信任，一旦有人在朋友圈中发起一个公益项目，往往就会有很大的成功率。

成功的企业都比较关注社会公益，如新浪的“天天正能量”等无一不说明企业家都是有良知的。

而腾讯公司也不甘于人后，于2014年热热闹闹开启了“为盲胞读书”的公益活动。这是腾讯公司专门为视障群体组织的一项社会公益。拥有6亿多用户的微信具有强大的连接功能，将需求者与捐助者的距离大幅缩短。只要用户登录微信，就可以利用碎片时间贡献声音。“为盲胞读书”的热心民众接近100万人，先后收到300多万条语音信息，汇集成100多本有声读物，先后有300万视障者收听到这些有声读物。

其实，早在2013年中秋节前夕，腾讯倡导的“十分祝福、十分爱”活动就在公司内部悄悄展开。当员工收到月饼后，用手机扫描二维码支付一角钱，腾讯基金就拿出九角钱，凑成一元钱为“筑梦新乡村”项目，即贵州省某农村的空巢老人和留守儿童，赠送一套木质侗族乐器，推动世界级非物质文化遗产“侗族大歌”的保护和传承。

借助微信强大的传播能力，腾讯公司研制出一款腾讯公益服务号，同时也在全国范围内寻找优质透明的公益项目。在这款腾讯公益服务号中，只要用户订阅了，就可以随意选择自己热心的公益项目，举手之劳就可以完成捐款动作，献出一片爱心，而接收捐款方，则有中国扶贫基金会、中国绿化基金会、爱德基金会、中华思源工程扶贫基金会等公益单位。

在腾讯公司，有一位已经离职的副总，还继续为腾讯公益事业尽心尽力。之前，作为腾讯公益事业的发起人，这位副总致力于网络平台与技术的整合，如何在公益领域发挥作用。现在，社会公益已经成为腾讯的文化，尤其是在微信支付与公益结合在一起后，这完全得力于腾讯员工的大力支持。而腾讯所倡导的“人人可公益”，正在深深影响着每一个拥有公益之心的人。

基于微信强大的社交平台，腾讯公益公众账号有了长足的发展，是众多公众号中较为活跃、用户关注度较高的一种。例如“嫣然天使基金”公众账号曾发起了一个为唇腭裂儿童募捐的活动，就得到了大量民众的响应。另外一个公益机构利用公众号发起为留守儿童讲故事的活动，也收到了良好的效果。

最有意思的公益微信是一个关于绿化的公益项目，高明的地方是这项公益与一款比较受欢迎的手机游戏结合在一起，只需用户添加这个公众账号，在规定期限内参与一次绿化活动，再参与玩这款手机游戏，把这项公益活动的信息分享到朋友圈，获得 20 个赞，就可以得到一张免费明信片。这项公益活动获得了微信朋友圈的积极响应，成为“快乐公益”的标杆性案例。

的确，在移动互联网时代，微信已经成为人们生活中的重要组成部分，只要一登录，各类信息便会扑面而来。不得不承认，微信拥有快速、精准、即时等特点，而社会公益正好借助微信的这种力量传递爱心，并从点点滴滴中影响着民众的公益心，如图 10-1 所示。

图10-1　社会公益借助微信力量传递爱心

例如，某公益机构在微信中发了一条孩子烫伤的求助信息，众多网友纷纷转发或慷慨出手。这个一岁多的孩子不慎跌入热锅中烫成重伤，而他的父母是连自己也照顾不了的残疾人，没钱住院，希望爱心人士出手援助，帮助孩子渡过生命的难关。信息一出，得到了大家的积极响应，“救救孩子”迅速成为最热的话题，一个在微信上展开的爱心行动开始了。许多热心人通过微信自发参与到了救助活动中，其中有许多不愿透露姓名者，更有不少人直接通过微信捐款。捐款账号公布后，短短几天时间就收到了近8万元的捐款。更有爱心人士开车前往事发地，把孩子送到一家医院治疗，并在微信上发布了治疗过程的照片，让关心孩子的人及时了解治疗状况。

正直、尽责、合作、创新

在腾讯公司的企业文化中，有一个重要的组成部分，那就是腾讯公司的价值观。从社会学来说，价值观是一个人人生的导向，你有什么样的价值观，就会有什么样的作为，对一家企业，尤其是互联网企业，更是如此。腾讯的价值观可以用四个词来描述：正直、尽职、合作、创新。对于这个价值观，腾讯公司有特别的表述，援引如下。

正直：

做人德为先，正直是根本；

保持公正、正义、诚实、坦诚、守信；

尊重自己，尊重别人，尊重客观规律，尊重公司制度，从而自爱自强。

尽责：

负责是做好工作的第一要求；

不断追求专业的工作风格，不断强化职业化的工作素质；

有强烈的责任意识，有杰出的肩负责任的能力，有勇于承担责任的品格。

合作：

团队优秀才能真正成就个人的优秀，与环境和谐发展是企业基业长青的基础；

积极主动，重视整体利益，从而创造优秀的团队绩效；

放眼长远，胸襟开阔，不断追求优秀的合作境界。

创新：

创新不仅是一种卓越的工作方法，也是一种卓越的人生信念；

在方式、方法、内容上，时时寻求更好的解决方案，精益求精，谋求更好的成果水平；

不断激发个人创意，完善创新机制，以全面的技术创新、管理创新、经营模式创新，推动公司不断成长。

那么，腾讯公司为什么要把正直放在公司价值观的第一位？正直是一个包含意思很广的词汇，包含着公正、正义、诚信的内涵，也包含着尊重自己、尊敬他人、尊重规律和制度的内涵。腾讯公司高级执行副总裁兼首席执行官陈一丹说："在企业，我所理解的'正直'很简单，就是员工做事做人都出于公心，出发点是能够给用户创造价值，让企业持续健康地发展。工作上有了这样一个出发点，无论有没有制度监督，都能经受压力的考验，遇到团队合作出现矛盾、决策选择时是该进还是该退，都能先将自己的心放正，进而使整个团队出现一种正面的气氛，发挥正面的力量，这样企业和员工就能走得更远。"

腾讯价值观的第二条是尽责，就是强调一个员工应具有敬业精神，每一个员工都要立足于自己的岗位，把属于自己的那份工作干好。例如马化腾作为腾讯的"首席体验官"，总是精益求精地去体验腾讯新研发出来的产品，进而提出一些中肯的改进意见。

马化腾是个崇尚共享、自由精神的人，不是那种唯我独尊的“一言堂”式领导者，他非常看重团队的力量。因此，腾讯公司的企业文化强调合作，强调合作精神，建设快乐活力型团队文化。有一个事例可以说明，腾讯的创业团队历经二十多年仍然在一起合作，与马化腾一起打江山的五个人，只有曾李青在2007年离开了，之前的九年时间，曾李青一直担任腾讯公司的首席运营官。后来，他觉得互联网这种生活有点苦闷，想出去闯一闯，于是开始担任德讯投资董事长一职，先后投资了数十家高端企业，并且做得风生水起。尽管曾李青离开了腾讯公司，但他一直没有脱离腾讯，自2007年6月起就开始担任腾讯公司的终身荣誉顾问。

除曾李青之外，其他几位与马化腾一起创业的元老级人物仍然在各自的岗位上继续着自己的工作。例如，任高级执行副总裁兼首席技术官的张志东、任高级执行副总裁兼首席信息官的许晨晔、任高级执行副总裁兼首席行政官的陈一丹，员工们时常在腾讯公司见到他们的身影。

当然，腾讯公司的管理层也不是一成不变的，也有许多精英加盟腾讯公司，如2005年进入腾讯公司的刘炽平，一开始担任首席战略投资官，具体负责战略、投资、并购和投资者关系，自2006年起出任副总裁，协助腾讯公司董事会主席兼首席执行官马化腾的工作，并负责公司的日常管理和运营工作。2007年3月被任命为执行董事。

与刘炽平同年加盟腾讯公司的还有熊明华，曾任联席首席技术执行官，负责提升公司研发、战略规划和流程管理的能力；2006年加盟腾讯的刘胜义，现负责网络媒体业务系统，主要为公司拓展网络广告方面的业务。

腾讯公司的这些管理人员，相互合作，相互配合，将腾讯的每一款新产品越做越精，将腾讯的事业越做越大，受到了人们的尊敬。

马化腾认为，创新是腾讯公司最主要的企业文化，腾讯公司的发展之路，就是一条不断创新的路。马化腾甚至从腾讯的发展史中总结出学习型创新、应用型创新和模式型创新“三部曲”。

马化腾已经把创新这一核心理念，深深嵌入腾讯公司的内部，腾讯公司非常重视创新的体系性，为此，熊明华解释说：“创新是腾讯能够取得今天成就的主要原因。”

二十多年来，腾讯公司一步步从无到有走向了系统性、体制性创新，因为最早的腾讯都是马化腾等几个人单打独斗式的创新，但腾讯公司自2005年推出了一个研发系统，即“R线”。2006年5月又成立了“以创新应用为主旨”的创新中心。腾讯公司在此基础上，2007年又成立了腾讯学院。随着创新体系的逐步完善，腾讯公司为网友们推出一款又一款实用又好用的产品，让腾讯公司在激烈的互联网市场竞争中一次次取得成就。

企业越大，责任越大

据《现代汉语词典》解释，责任是指分内应做的事。而企业的社会责任是企业对社会分内应做的事，它来源于企业作为一个社会组织的功能与作用，来源于企业与其他社会成员的互动关系。

企业的社会责任要求企业在市场经济体制下，除了为股东追求利润外，也应该考虑相关利益人，即影响和受影响于企业行为的各方利益。

很多企业在成立初期，就把为人民服务作为目标。例如，比尔·盖茨在成立微软之初就把“让千万人都用得上电脑软件”作为目标；山姆·沃尔顿想建立一种便利、廉价的商业形态，沃尔玛让他达到了这一目的。

当然，对于一家企业来说，仅有使命是不行的，必须能够创造财富，只有这样，企业的价值才能得到社会的认可。

现在，一个优秀的企业首先应该以社会责任为己任。企业社会责任已成为检验企业核心竞争力强弱的标志，拥有社会责任感是企业生存和持续发展的必要条件。

2008 年 11 月 11 日，是腾讯公司 10 周岁生日。这一天，腾讯公司的全体员工统一穿上文化衫举行庆祝活动。与此同时，腾讯公司还做了一件事情，那就是发布了《腾讯企业公民暨社会责任报告》。

《腾讯企业公民暨社会责任报告》有着 170 多页的长度，腾讯公司将视角放在了自主知识产权创新、推动互联网健康发展、创造社会价值、员工和用户关怀、社会公益事业五个部分。详细记录了腾讯公司成立 10 年来对用户、社会、行业所履行的社会责任，而且首次向社会披露了腾讯公司在培养员工、文化建设、内部管理、信息安全保障等方面具有社会价值影响的经验。

《腾讯企业公民暨社会责任报告》这样写道："10年来，在中国，没有哪一个产业像互联网一样，如此形象突出地成为中国高速发展与开放的符号，它表现出中国经济的巨大潜力和独特性，同时也带来了种种新的挑战。新的形势、新的机遇也在不断促使我们思考如何去创造社会价值，如何寻求企业和社会的协同发展，真正将企业建设成为受人尊敬的百年老店。如今，在成长与承担、开放与共赢的命题下，腾讯又走过了风雨兼程的五年。无论是赢得赞扬还是遭受批评，为用户提供最优质的产品和服务始终是植入腾讯灵魂深处的信念，也是腾讯要向数以亿计的用户表达的最朴素的心声。对用户肩负的责任和使命让腾讯变得更加成熟，也更加自信。"

同时，这份报告总结并阐述了腾讯公司如何从一个名不见经传的互联网小企业，一步步成长为一家优秀的大型企业，道出了马化腾和他的同事们想要"打造具有社会责任的互联网企业"的事业理想。这也是一份用努力和实践、用行动和成就完成的报告。某媒体评价说，该报告的出炉标志着中国互联网企业正从商业成熟走向管理成熟。

《腾讯企业公民暨社会责任报告》认为，腾讯的社会责任可以从三个维度来解释，即用户维度、企业经营维度、社会维度，如图10–2所示。用户维度是最大化满足用户的需求，为用户创造价值；企业经营维度是遵纪守法、依法纳税，为股东、用户、国家承担应尽的义务；社会维度是回报社会、关注公益，维护行业环境。

马化腾非常清楚腾讯所担负的社会责任，公司一个轻微的行动都可能影响上亿用户，只有得到用户的认可，才能持续发展下去。他表示："我们将坚定地与合作伙伴们携手共进，让开放成为能力，让分享通过制度落实；我们将怀着敬畏之心，努力推进整个互联网产业健康、持续、和谐地发展，让互联网创造更美好的世界；我们将创造更好的服务，爱惜每一名默默奉献的员工，共同构建一支能满足亿万用户需求、承载中国互联网发展梦想的强大团队。"

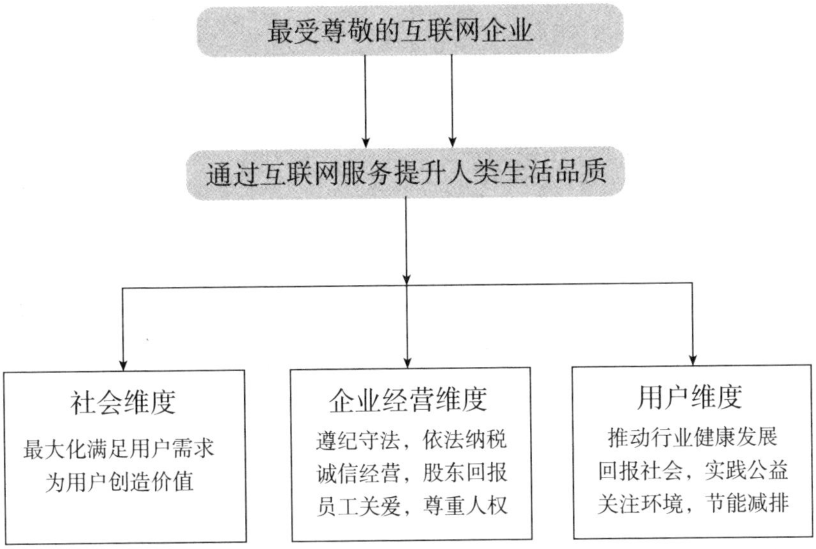

图10-2 腾讯的社会维度

其实，在腾讯企业文化的相关阐述中，腾讯公司面向用户的社会责任与腾讯的使命是相通的。腾讯公司非常强调自己的使命，即通过互联网服务为人类提供高品质的生活，腾讯是这样表述的：

腾讯以高品质的内容、人性化的方式，向用户提供可靠、丰富的互联网产品和服务；

腾讯的产品和服务像水和电一样源源不断地融入人们的生活，丰富人们的精神世界和物质世界；

持续关注并积极探索新的用户需求、提供创新的业务来持续提高用户的生活品质；

腾讯通过互联网服务，让人们的生活更便捷和丰富，从而促进社会的和谐进步。

以上四点完全说明了腾讯公司面对用户的社会责任。

在2008年汶川大地震中，马化腾回忆起那一刻的经历时说："作为实时沟通的即时通信平台，我们从在线监控系统里直接看到'5·12'汶川大地震的那一瞬间，在线用户从几千万一下子跌了下来，根据IP判断，他们是来自灾区的用户。这不像线路故障或晚上下线，我们看到用户骤然消失了，心里清楚有些用户再也无法上线了，他们就是消失了，这给我们的震动非常大。全体腾讯人不需要什么教育、鼓励，他们全都自发地加班加点，主动去思考能为社会做些什么。"

腾讯公司第一时间行动起来，携手亿万网友展开了立体式的救灾行动。截至2008年5月20日14时35分，腾讯网友赈灾捐助超过2000万元，加上腾讯全体员工的捐款2000万元，相当于腾讯公司共为汶川灾区捐款4000万元，创下了中外互联网公益慈善史上的最高纪录。

马化腾后来回忆道："全体员工纷纷利用自己的平台为灾区做事情，包括公司的公益网、在线支付平台，迅速在几小时内开通在线捐助平台，在短短的20多天里，30多万网友通过腾讯捐助平台捐出2300多万元，这也是中国互联网有史以来最高的捐助纪录，我们通过网络不断跳动的数字和留言，看到数十万颗跳动的心，这也让腾讯感到分外欢欣和鼓舞。更坚定了腾讯在未来更有效承担起社会责任的决心，这也是我们的动力。”

2009 年 12 月 4 日，马化腾在第七届网博会上呼吁网游企业携手努力、加强自律，以培育良好的竞争文化、正确的社会责任观，共同为中国网络文化的繁荣做出贡献。他说：“中国网络文化产业作为创意产业的代表，她的持久的繁荣发展还需要业界不断地进行包括技术、商业模式、人才培养方式等诸多方面的创新，担当起在国家繁荣、民族进步进程中所扮演的重要角色。积极履行企业社会责任不但是中国网络文化企业义不容辞的社会责任，也是每一家企业公民应尽的义务，更是整个网络文化产业和谐、持续发展的保障。”

马化腾是这样说的，也是这样做的。腾讯是第一家设立公益基金会的互联网公司——腾讯公益慈善基金会，投入 2000 余万元人民币用于基金会的启动。腾讯承诺每年都将利润的一定比例捐赠给基金会。

腾讯公益慈善基金会的宗旨是“致力公益慈善事业，关爱青少年成长，倡导企业公民责任，推动社会和谐进步”。其从事公益事业的核心策略为“一个平台，两个互动，三大方向，基于互联网释放爱心的力量”。

“一个平台”是指以腾讯公益网为基础的网络公益平台。

“两个互动”是指通过这个互联网公益平台，让中国众多公益慈善组织与热心公益的网民互动起来，让需要帮助的人与热心公益的组织和个人互动起来。

“三个方向”分别是指：帮助——帮助需要帮助的人，通过切实投身到各类公益活动和公益项目中，帮助更多真正需要帮助的人；参与——提供简单、便捷的通道让网友参与公益，依托腾讯公司的核心优势，通过互联网提供便捷、透明、简单、多样的参与方式，让网友和普通民众体验公益、参与公益、监督公益；辐射——向更多人传递公益理念和爱心，依靠腾讯强大的媒体影响力和多元化平台传递公益信念和爱心，塑造良好的社会公益氛围，推动更多的组织和个人投身公益。

同时，马化腾也写了许多关于腾讯建立慈善公益基金会的文章，现摘录如下：

腾讯建立慈善公益基金会，很多朋友和用户关注我们为什么要做这样一件事情，还有更多的朋友希望与我们探讨如何发挥行业的特长，利用互联网来助公益一臂之力。

如果说，腾讯在做第一件公益活动的时候只是单纯地想帮助其他人，从而自己也能体会到帮助他人所带来的快乐的话，那么，在这随后的公益经历中，我们对于公益事业的思考则更多是来源于用户给我们的启发。

在腾讯发展的十多年中，QQ 对人们生活的改变真的让我们始料未及。用户的厚爱让 QQ 成为当今最普及的沟通方式之一，也让 QQ 不经意间成为网民发挥自我价值、参与和贡献社会的重要平台。

在 QQ 和 QQ 群中，在博客和论坛上，每天都有很多用户自发地组织起来去关注公益、关注环保、关注弱势群体，这是一种热情而蓬勃的萌芽力量，我们每天都在关注着这种变化：互联网其实也把美好人性的释放与社会的进步紧紧地“互联”。

我们渐渐地认识到，世界上的一切事物都是息息相关的，无论是从企业经营的角度、用户实现价值的角度，还是从企业产生社会影响的角度看，在社会范围内承担公益责任并传播爱心的力量，是社会共同的重要价值。

腾讯公益基金会除了将大力参与环保、教育、文化遗产保护、救灾扶贫帮困等社会公益慈善事业之外，还将积极开展具有腾讯品牌和社会影响力的公益活动，借助腾讯和QQ品牌的影响力，向更多人传递公益和爱心的理念，帮助青少年树立健康的社会价值观念，塑造良好的社会公益氛围。

腾讯作为中国最大的互联网企业，在发展自身业务的同时，将始终致力于回报社会和热心支持公益事业，以实际行动回报社会各界的关心和支持。腾讯是一家非常年轻的企业，我们期望能在公益方面身体力行。

在未来，腾讯希望能够携手更多的网民加入其中，成为社会公益事业的实践者、推动者和倡导者。

同时，马化腾在《通过全公益平台，塑造全新的公益生态》中也说："腾讯履行企业社会责任义不容辞。腾讯做公益的一个很重要的理念就是世界的改变不是少数人做了很多，而是每个人都做了一点点……腾讯将继续推动互联网与公益慈善事业的深度融合，通过全公益平台塑造全新的公益生态，推动业界的精诚合作，让关爱成为常态！"

在那些优秀的企业家中，马化腾算是后来者，但在慈善事业方面，他做得比其他企业家还早，甚至是一位先行者。他的慈善行动从开始就有一个明确的定位：从小做起，从心做起。

随着腾讯的快速发展，近年来的捐赠数额也在不断攀升，已累计捐赠超过 3.4 亿元人民币。此外，还携手亿万网友在扶贫、青少年教育、环保、救灾等众多领域开展了多项公益活动。

外界评价腾讯："创造和聚敛财富是一种能力和才华，使用和分享财富是一种品格和境界。"

做最受尊敬的互联网企业

前些年，在企业界流行着这样一种说法：三流的企业做事，二流的企业做人，一流的企业做文化。可见，企业文化对一家企业起着至关重要的作用。我们可以说，企业文化是一个企业在长期的发展中，慢慢积累、沉淀中形成的一种代表这个企业性格的东西，企业文化反映了企业的精神面貌，也反映了员工的精神面貌。企业文化是企业的软实力，是企业能够持续发展下去的一个重要因素。优秀的企业有优秀的文化，腾讯公司的企业文化是腾讯人引以为豪的文化。

二十多年的发历程中，腾讯公司也渐渐产生了自己的独特文化，包括腾讯的愿景、腾讯的价值观、腾讯的使命、腾讯的管理理念、腾讯的企业精神、腾讯的经营理念等。对于这些企业文化条款，腾讯公司都有清晰的解释。谈到企业的愿景，腾讯公司是想成为最受尊敬的互联网企业。这个愿景早在 2005 年就贯穿于腾讯公司的经营思维中，在腾讯公司的相关表述中，是这样解释企业愿景的：

腾讯将以长远的眼光、诚信负责的操守、共同成长的理念，发展公司的事业。与公司相关利益共同体和谐发展，以受到用户、员工、股东、合作伙伴和社会的尊敬为自身的自豪和追求；

坚持“用户第一”理念，从创造用户价值、社会价值开始，从而提升企业价值，同时促进社会文明的繁荣；

重视员工利益，激发员工潜能，在企业价值最大化的前提下追求员工价值的最大实现；

通过成熟有效的营销、管理机制，实现企业健康、持续的利益增长，给予股东合理的回报；

与所有合作伙伴一起成长，分享成长的价值；

不忘关爱社会、回馈社会，以身作则，推动互联网行业的健康发展；

互联网不分国界，在全球互联网行业、全球华人社区不断强化腾讯的影响力，保持综合实力在全球前三名。

一家企业想做大相对而言很容易，但在做大做强之后还能受人尊敬，就不是一般企业能够做到的。腾讯公司自成立以来就特别注重自己的形象，这与马化腾低调行事的风格有极大关系。他一般不会面对媒体，更不会在记者们面前指点江山，他更喜欢静静地待在一个角落里，看着世人忙来忙去，在自己的心里为腾讯的明天盘算着如何生存下去的计划。虽然腾讯现在是中国市值最大的互联网企业，但马化腾依然保持自己低调的风格。

当然，并不是说一味地待在门后边就一定会受人尊敬，频繁出现就会遭人嫉恨，而是说正是因为马化腾的低调，才造就了腾讯公司成为互联网行业了不起的企业。腾讯公司不过分利用媒体和大众的关注，通过自己的行动去证明，而不是仅仅凭作秀来获得人们的尊敬。

美国著名的财经杂志《巴伦周刊》在2009年3月出版了“全球最受人尊敬的30位CEO”名单，马化腾成为亚洲唯一一位入选的互联网企业领导者，也是中国大陆唯一一位上榜者。据说，《巴伦周刊》从2005年开始陆续刊登全球30位最受人尊敬的CEO名单，一直被誉为全球顶级企业及老总年度表现的有力佐证。马化腾能够与巴菲特等世界级著名人物并列在一起，足以说明马化腾在国际上的影响力。

马化腾能够受人尊敬，在一定程度上代表了腾讯公司也受人尊敬。没有马化腾就没有腾讯，马化腾就是腾讯公司的核心，就是腾讯公司的精神领袖。他对腾讯公司的愿景也有很多深入解释。

马化腾认为，腾讯公司的愿景就是成为受人尊敬的互联网企业，包括我们在腾讯公司谈，在员工大会上谈。那么，什么是受人尊敬的企业？

第一，你的产品和服务能够真正被用户所喜欢和接受，他们非常愿意在你所提供的产品和服务里把自己的个人信息、朋友关系、新闻浏览、商务活动都放在里面，我觉得你能够做到这样是第一步。

第二，企业的盈利水平、收入规模能够支持我们提供上面提到的这样好的产品和服务给我们的用户，而且是可持续发展的，不是说你做了一两年后就无法维持下去了，这是一个必要条件。

第三，有一些非常有冲劲、志同道合的员工，在企业里大家都非常认可，团队合作也非常和谐。我认为这才是一个能够成为受人尊敬的企业的必要条件之一。

第四，企业作为社会的一个组成细胞，要回报社会，把企业经营过程中的一些利润、收入，通过更多的渠道回馈社会。不只是从钱的角度来看，要充分利用我们的平台，让我们所有的充满爱心的用户、有社会公益心的用户能够利用我们的平台便捷地和社会上需要帮助的人士建立联系。腾讯也建立了一个公益网站，这只是一个开始。我们下一步也会通过即时通信，让用户可以看到身边的朋友帮助一些团体或者参与了哪些社会活动，在你的好友中会有不同的徽章、不同的标识、不同的等级，我觉得这会比玩网络游戏的练级更有意义。我希望腾讯能够把这样的产品，在一个规定的时间内越来越好地推出来，这是我们下一步的目标。